ORAISON FUNÈBRE

DE MADAME

LOUISE-MARIE DE FRANCE.

On trouve chez le même Libraire le Pan
rique de Sainte Thérèse, et le Discours sur
Fête Séculaire de la Maison Royale de Saint
Cyr , composés par le même Auteur.

ORAISON FUNÈBRE

DE TRÈS-HAUTE,

TRÈS-PUISSANTE ET TRÈS-EXCELLENTE PRINCESSE

LOUISE-MARIE DE FRANCE,

Religieuse Carmélite, et Prieure du Monastère
de Saint-Denis ;

Prononcée dans l'Eglise des Carmélites de Pontoise,
le 10 juin 1788.

Joseph Bénard

PAR M. l'Abbé DU SERRE-FIGON,

PRÉDICATEUR DU ROI.

———————

A PARIS,

Chez EUGÈNE ONFROY, Libraire, rue Saint-Victor,
au Soleil levant.

M. DCC. LXXXVIII.

———————

AVEC APPROBATION, ET PERMISSION.

ORAISON FUNÈBRE

DE MADAME

LOUISE-MARIE DE FRANCE.

Dominus dedit, Dominus abstulit : sit nomen Domini benedictum.

Le Seigneur nous l'avoit donnée, le Seigneur nous l'a enlevée : que fon nom foit béni.

JOB. C. 1. V.

ADORER un premier être, un premier moteur, un agent universel, qui, quoique invisible, gouverne en arbitre suprême le monde physique et moral; et se soumettre à ses ordres, soit qu'il afflige ou qu'il console, soit qu'il nous parle par la voix de son tonnerre, ou par celle de ses bienfaits, tel est l'abrégé de la philosophie chrétienne. Ce langage de la résignation, qui doit sur-tout se faire entendre dans les

A

grandes calamités, pourroit-il n'être pas dans notre bouche en ces jours de deuil, où nous avons à pleurer la mort, non d'un Grand que l'intrigue et la faveur élevèrent aux places importantes, mais d'une Princesse qui, faite pour briller au premier rang, n'a eu d'autre ambition que de se dérober à la grandeur : non d'un conquérant heureux, qui, par sa valeur, prit des villes, vainquit des ennemis redoutables ; mais d'une humble fidelle qui, par sa foi, a triomphé des penchans les plus chers au cœur humain : non d'un homme puissant qui fit de grandes choses selon le monde ; mais d'une femme forte, qui, honorant la Religion par un sacrifice unique en son genre, a donné à la cour et au cloître, le spectacle frappant des plus étonnantes vertus. Eh! qui de nous, à la nouvelle de cette mort inopinée, n'a pas été saisi de la plus profonde douleur, et ne s'est pas écrié en gémissant : Le Seigneur nous avoit donné cette héroïne chrétienne, le Seigneur vient de la ravir à nos vœux ; c'est à lui d'ordonner, à nous de nous soumettre ? *Dominus dedit, Dominus abstulit : sit nomen Domini benedictum.*

Après avoir autrefois célébré la réformatrice du Carmel, j'étois donc encore destiné à jeter quelques fleurs sur le tombeau de la plus illustre de ses filles ; et dans un âge où il faut bien plus s'occuper à perfectionner ses vertus qu'à publier celles des autres, à édifier les vivans qu'à louer les morts, les restes de ma foible voix devoient être consacrés à l'Éloge funèbre de la Thérèse de la France ! Oh ! si une profonde vénération, une sorte d'enthousiasme pour celle dont je dois peindre la grande ame; si le zèle pour sa gloire ; si la reconnoissance pouvoient rendre éloquent, qui seroit plus digne que nous d'acquitter la dette du Carmel, et d'être l'interprète de la douleur publique ? Mon Dieu ! je ne demanderai pas que *ma jeunesse soit*

A ij

renouvelée comme celle de l'aigle (*a*) ; qu'à mesure que LOUISE s'abaisse et s'humilie, mon style s'ennoblisse et s'élève. Non, il sera assez sublime, s'il est simple comme celle que je loue. Dans le cours de son Éloge, je serai plus historien qu'orateur ; j'embellirai mon discours de ses maximes ; je l'échaufferai de ses sentimens ; je le remplirai des faits de sa vie. Pourrai-je ne pas intéresser les partisans de la piété ? Du reste, la vérité, j'en fais ici le serment, parlera par ma bouche et guidera mes pinceaux. Plus heureux que ces panégyristes qui, n'ayant presque à louer dans leurs héros que des qualités profanes, sont obligés de pallier les vices, et de prodiguer des louanges fausses à de fausses vertus ; en parlant de LOUISE, je ne puis rien dire que de saint ; en la louant, je ne puis rien dire que de vrai. Autels sacrés, je vous attesterai avec confiance ! Anges qui les environnez, vous n'aurez

_____

(*a*) Ps. 102.

pas à rougir! Prêtre (*a*) du Dieu vivant, qui aviez tant de part à sa confiance, et qui la méritiez à tant de titres, digne chef des tribus du Carmel françois, je pourrois, sans crainte d'être démenti, appuyer de votre témoignage mes assertions et mes éloges; et vous, vénérable Acarie (1), dont tout dans ce temple, dans cette maison vraiment religieuse, retrace le nom et les bienfaits; du haut du ciel vous daignerez sans doute applaudir aux honneurs funèbres que nous rendons à l'auguste Princesse qui fut l'émule de votre sainteté, et la plus zélée propagatrice de votre gloire! Puisse votre tombeau, qui seroit déja un autel consacré à votre culte, si ses vœux avoient été exaucés, m'inspirer des pensées dignes, et de mon sujet, et des vierges ferventes dont je suis l'organe, et de la respectable assemblée qui m'écoute!

L'Héroïne que nous pleurons, m'a

(*a*) M. de Rigaud, abbé commendataire de Chaume, et visiteur apostolique des Carmélites de France.

A iij

paru être, d'une manière spéciale, l'ouvrage, le prodige de la Providence divine ; et c'est sous ce rapport intéressant que je vais l'envisager. Le spectacle de son sacrifice, de ses héroïques vertus, fera sentir le prix inestimable du présent que le ciel nous avoit fait en la donnant à la terre, *Dominus dedit.* La vue des desseins que le ciel s'est proposés en la redemandant à la terre, adoucira les regrets causés par une si grande perte ; et nous y trouverons les motifs d'une résignation chrétienne. *Dominus abstulit.* Ainsi, sa vie miraculeuse, et sa mort très-précieuse aux yeux du Seigneur, prouveront toujours plus combien Dieu est admirable dans ses Saints.

Tel est le plan de l'Eloge que je consacre, moins *à très-haute, très-puissante,* et *très-excellente Princesse LOUISE-MARIE DE FRANCE,* qu'à l'humble, à la fervente, à la généreuse *THÉRÈSE DE SAINT-AUGUSTIN, Religieuse Carmélite,* et *Prieure du Monastère de Saint-Denys.*

Ce nom modeste étoit plus cher à notre
héroïne, que toutes ces dénominations
glorieuses, auxquelles sa naissance et
son rang lui donnoient droit. Entrons
dans ses vues : comme elle, oublions,
foulons aux pieds tous ces titres fas-
tueux de la grandeur mondaine; ou
ne rappelons ce qu'ils peuvent avoir de
charmes, que pour exalter le sacrifice
qu'elle en a fait, et pour en rendre hommage à la Providence divine, qui s'y
montre avec les plus grands caractères.

PREMIÈRE PARTIE.

Les yeux les moins exercés à voir la
Providence dans les événemens divers,
pourroient-ils la méconnoître dans la
conduite de la pieuse Princesse que nous
pleurons? Tout ce qui a précédé, et tout
ce qui a suivi son immolation sur le Carmel, montre sensiblement l'action de la
Divinité. Que de miracles de puissance et
de miséricorde de la part du Dieu qui
prépare, inspire un sacrifice si extraor-

dinaire, et en amène heureusement la consommation! Que de miracles de fidélité de la part de cette grande ame, qui, jusqu'à la mort, souffre avec un courage héroïque tous les genres de martyre annexés à cet étonnant sacrifice! Puissent ces traits, quoique foiblement exprimés, nous faire écrier de concert: C'est le Dieu des vertus qui nous avoit donné cette héroïne chrétienne; il n'appartient qu'à la grace divine d'élever l'homme si fort audessus des passions humaines, et de lui inspirer ces hautes pensées de détachement! *Dominus dedit.*

Passons rapidement sur les premières années de Madame LOUISE. L'enfance des dieux de la terre, quoiqu'en aient dit dans tous les temps leurs panégyristes, n'est guère différente de celle des hommes nés dans l'obscurité. Que dis-je? Comme l'ambition et la flatterie assiégent leur berceau, et que le malheur d'être nés princes, leur fait trouver des courtisans dans tous ceux qui les

approchent , et des esclaves jusque
dans leurs maîtres ; il n'arrive que trop
qu'une éducation de mollesse et d'orgueil laisse au caractère ses défauts, ses
caprices à l'humeur , ses penchans les
plus vicieux à la nature. Notre jeune
Princesse eut le bonheur d'être élevée
loin de ce séjour de séduction, où tout
fait oublier aux Grands qu'ils sont
hommes, et où tout semble hâter dans
leur cœur l'âge des foiblesses humaines,
et le règne des passions. Solitude de
Fontevrault , c'est dans ton enceinte vénérable, c'est au milieu de l'assemblée
des vierges, que LOUISE , en commen-
çant à vivre, commence à respirer l'air
de la piété! C'est-là que son ame toute
neuve , et naturellement chrétienne,
fut formée, cultivée par les mains de
la vertu (2) ; et que cette tendre fleur ,
qui, dans la suite, devoit orner le sanctuaire et périr sur l'Autel , reçut ses
premiers développemens.

Rendue à la cour dans cet âge , où
les graces de l'enfance se confondent

encore avec celles de la jeunesse, elle sut plaire et intéresser. Un esprit naturel et sans prétentions, qui, par des saillies sagement ménagées, relevoit un fonds de raison et de maturité précoces; une gaieté vive et franche; des marques peu communes de reconnoissance et de bonté; l'empressement à soulager l'indigence et à faire des heureux, le plus bel apanage de la grandeur, fixoient tous les yeux sur la jeune LOUISE, et lui gagnoient tous les cœurs. Eussions-nous cru alors qu'un jour, par son exil volontaire, elle porteroit la tristesse et le deuil dans la Cour brillante dont elle faisoit les délices?

Un de ces heureux hasards, ou plutôt un de ces coups de la Providence, qui décident des plus grands événemens, la conduisit à cette scène touchante, où la capitale étonnée, vit Rupelmonde (3) se vouer solennellement à toutes les austérités du cloître. Tandis qu'elle considère attentivement l'appareil du sacrifice (ô grace divine, que tu es ad-

mirable dans tes voies !), une étincelle
du feu divin qui embrasoit la victime,
dirigée sans doute par l'Ange qui pré-
side aux destinées du Carmel, se déta-
che du foyer sacré, part et vole dans le
cœur de la Princesse. Aussitôt, loin de
verser des larmes, comme les autres
spectateurs, sur cette héroïne généreuse, elle envie son sort; et brûlant
d'une sainte impatience, elle voudroit
être liée sur le même bucher. Ainsi,
dans les premiers siècles de l'Eglise, le
sang des Confesseurs de la foi, semence
heureuse, germe fécond, enfantoit,
parmi les témoins de leur courage, une
génération nouvelle de chrétiens et de
martyrs. Dieu appelle LOUISE : elle
répondra à sa voix. Mais que d'obstacles ne trouvera pas une résolution si
étonnante, et dans le dépérissement
d'une santé affoiblie, et dans l'affection
d'une famille éplorée, et dans les
censures de ce monde prétendu sage,
qui ne voit dans ces sortes de voca-
tions que l'effervescence d'une tête

exaltée, et le résultat d'une pieuse erreur ?

Portant dans le cœur un projet de retraite si sérieux, de quel œil dut-elle regarder la Cour et ces grandes bagatelles, ces riens magnifiques, cette représentation éternelle, ces petites intrigues de protégés et de protecteurs, ces rivalités de concurrens et de favoris, ces fêtes brillantes dont s'occupe l'oisiveté inquiète de ses habitans ? Comme Esther, elle gémit de la pompe importune qui l'environne. Il faut pourtant que, sans s'y livrer, elle se prête à des usages autorisés, à des amusemens devenus des bienséances d'état, et concilie ce qu'elle doit à son rang avec ce qu'exige sa religion : il faut que sa ferveur, ingénieuse à se cacher, dérobe la plupart de ses prodiges à l'œil profane des courtisans, plus disposés sans doute à pardonner des foiblesses, et même des vices, que ce qu'ils appellent les petitesses et les travers de la piété. Ah ! qu'auroient-ils dit, si, péné-

trant dans le solitaire réduit que, dans
ses vastes appartemens, elle avoit trans-
formé en sanctuaire, ils l'eussent vue
faire l'apprentissage de la vie du Carmel, lire et relire son code effrayant,
s'essayer aux pratiques de cette milice
religieuse, et porter au centre du tu-
multe et de la mollesse, le recueillement et l'austérité des déserts? O mon
Dieu! un si beau spectacle n'étoit pas
fait pour la terre. Vous, et, parmi vos
anges, les intelligences célestes qui en-
tourent de plus près votre trône, deviez
en être les seuls témoins!

Ainsi, Madame LOUISE se disposoit
à remplir les vues que le ciel avoit sur
elle. Oh! qu'il lui tardoit que les portes
de la maison de Dieu lui fussent ouver-
tes! Quelles prières (4) n'adressoit-
elle pas à Thérèse, son illustre protectrice! « Mes belles années, les jours de
« ma jeunesse s'écoulent, lui disoit-
« elle; que me restera-t-il à donner au
« Seigneur? Aidez-moi à me défaire
« de tous les attachemens contraires à

« ma vocation ; arrachez tout ce que je
« ne dois pas porter chez vous. Ah !
« n'épargnez rien au-dedans de moi ;
« mais au-dehors, ma bonne mère,
« retenez, par vos instances les plus
« vives, ce bras terrible qui a déchiré
« mon ame par tant de funestes coups !
« O mon Dieu, conservez la Reine ;
« donnez-lui, avant sa mort, la conso-
« lation de me voir au nombre de ses
« chères Carmélites ; conservez toute
« ma famille, conservez tous ceux que
« j'aime, et ne m'en détachez que par
« votre grace. »

Ici, je devrois me condamner au
silence, et ne laisser parler que la sensible LOUISE. Que je serois sublime, si,
m'exprimant d'après elle, je répétois
les vœux ardens et tendres qu'elle poussoit vers le ciel ! Ce sont les effusions,
les élévations de l'ame la plus belle, qui
sent tout ce qu'elle doit à son Dieu et
à son auguste famille ; vous croiriez
entendre l'hymne de la piété filiale, et
le cantique de l'amour divin.

Après de longs délais mis à l'accomplissement de ses désirs, la vocation de cette courageuse héroïne a-t-elle à subir quelque autre épreuve ? Oui, il en est une bien terrible, et dont la seule pensée fait frissonner sa sensibilité. Il s'agit d'annoncer au Roi son pieux dessein, d'obtenir ou d'arracher son consentement. Elle prévoit toute l'amertume qu'une nouvelle si inattendue va verser dans l'ame d'un si bon père. C'étoit-là l'obstacle essentiel qu'elle avoit le plus à redouter. Au fort de ses peines, LOUISE se jette encore aux pieds de Thérèse, et réclame son crédit auprès du Dieu puissant, qui tient dans ses mains le cœur des Rois, et l'incline où il veut : « J'ai besoin de « tout votre secours pour me déclarer « à celui dont le consentement m'est « nécessaire. Préparez-moi son cœur; « défendez-moi de sa tendresse; défen- « dez-moi de la mienne ; mettez sur « mes lèvres ce que je dois lui dire; « parlez vous-même pour moi, et ré-

« pondez-moi pour lui ». Mais non, ses forces, son courage l'abandonnent au moment fatal. LOUISE frapperoit-elle elle-même, dans un endroit si sensible, le cœur paternel ? Quel Prophète osera donc porter, de sa part, à Louis cette accablante parole ? Qui ? ce sera cet homme à grand caractère, ce Pontife (5), digne d'être le confident et le ministre de toutes les entreprises saintes et hasardeuses ; qui, sujet le plus fidèle de son roi, ne fut esclave que de ses devoirs ; eut toute la chaleur du zèle, sans en avoir le fanatisme ; ne montra jamais d'autre crainte que celle de Dieu, d'autre politique que de n'en point avoir, d'autre ambition que de contribuer aux triomphes de la foi ; dont ses ennemis eux-mêmes révéroient les vertus, en condamnant ses principes ; que Louis exiloit et chérissoit. Allez, Pontife intrépide, annoncez à votre Roi les volontés du ciel sur son auguste fille. Quelle nouvelle pour un si bon père ! quel coup de foudre !

Un

Un morne silence, un regard d'indignation sur le Pontife, dont la fermeté est déconcertée, et qui regrette presque sa démarche courageuse ; quelques mots à demi prononcés, où se peignent la douleur et la résignation : *Qu'il est cruel, cruel, le sacrifice qu'on me demande !.... Mais pourtant si Dieu le veut !....* Voilà toute la réponse de ce prince religieux et sensible. Enfin, après plusieurs jours de délibérations réfléchies, de combats continus, le Roi reconnoît le doigt de Dieu dans les signes d'une vocation si marquée : il a prononcé la parole décisive et favorable. La fille de Louis (quelque déchirante que soit cette situation, réservons nos pleurs pour des momens plus touchans encore), la fille de Louis embrasse les genoux de son père, qui, l'amertume dans l'ame, reçoit ses derniers adieux, lui donne, à la manière des Patriarches, sa bénédiction paternelle, et peut à peine proférer ces deux mots : *Allez où Dieu vous appelle.*

B

Le nouvel Isaac, plus éclairé que l'ancien sur les circonstances de son immolation, avoit tout disposé pour en assurer le succès. L'autel étoit désigné ; et la ville, déja célèbre par les mausolées où repose la cendre de nos Rois, devoit être le lieu où s'immoleroit leur auguste fille. C'en est fait, sa pieuse ambition est satisfaite ; ses vœux sont comblés : Elle a conquis le Carmel ! Ici, réfléchissons sur la grandeur d'un sacrifice si glorieux à la grace divine, et le triomphe de la Religion.

Il faut l'avouer, près de dix-huit années consécutives d'abnégation et de ferveur, familiarisant, pour ainsi dire, nos yeux avec l'héroïsme, nous avoient trop accoutumés à ce qu'a de frappant un genre de vie tout céleste. L'admiration est-elle donc pour l'ame un sentiment pénible qui la fatigue ? Il semble que les extases d'un long enthousiasme ne soient pas faites pour elle. Excitée d'abord, réveillée par un objet intéressant, bientôt l'imagination se calme,

se refroidit ; et des actions merveil-
leuses, parce qu'elles sont des prodiges
de tous les jours, paroissent rentrer
dans l'ordre des événemens naturels,
et n'être plus des prodiges. Mais repla-
çons-nous à cette époque où la renommée, qui, jalouse de célébrer les
progrès des arts, les révolutions des
empires, les exploits de la valeur, ne
se charge guère d'annoncer les triomphes de la grace, proclama pour la première fois le projet de Madame LOUISE.
Quel cri de surprise et d'admiration,
retentit d'un bout de l'Europe à l'autre!
Quel fut votre étonnement, dignes enfans de Thérèse, quand vous vîtes la
fille de votre roi tomber à vos genoux,
et que vous l'entendîtes solliciter humblement la grace de s'associer à votre
sort, c'est-à-dire, de partager votre tombeau (a) ! Rappelons aussi ces momens (6) de silence, de frémissement,
j'ai presque dit de consternation , qui

(a) *Date mihi jus sepulchri vobiscum.* Gen. 23.

B ij

précédèrent l'instant décisif où , aux yeux de toute la France accourue à cet étonnant spectacle, cette grande victime, dépouillée de toute la pompe mondaine, disant un éternel adieu aux personnes qui trouvoient leur bonheur à la servir, courba sa tête auguste sous le glaive sacré. Alors les cœurs les moins susceptibles de piété sentirent l'émotion religieuse : le courtisan lui-même s'attendrit, la philosophie se tut et admira. Tant de larmes versées, les regrets, les soupirs, les gémissemens dont retentit le lieu saint, ne donnent-ils pas la plus haute idée du sacrifice de LOUISE ?

Voulez-vous encore mieux apprécier ce sublime dévouement? venez et voyez : voyez d'où elle part, et où elle arrive ; d'où elle tombe, et où elle descend ! Qu'a-t-elle quitté ? Versailles, et la cour la plus brillante. Que trouve-t-elle ? Le Carmel, et le Carmel de Saint-Denys : c'est-à-dire, que la magnificence des palais sera remplacée

par une étroite et sombre cellule (7);
les parures les plus superbes, par un sac
et le cilice, par le crêpe lugubre du deuil
et de la mort; les festins d'Assuérus,
par l'abstinence des Jean-Baptiste; les
profusions du luxe, par le dénuement
qu'entraîne l'extrême pauvreté; toutes
les jouissances, en un mot, par toutes
les privations : c'est-à-dire, qu'en entrant au Carmel, elle s'assujettit à une
foule d'usages repoussans, à mille pratiques onéreuses et crucifiantes, qui
changent le siége du repos en un lit
de douleur, laissent aux étés brûlans,
aux froids hivers toute leur inclémence,
rendent l'habillement plus incommode
qu'utile, et font douter si le jeûne,
malgré sa rigueur, n'est pas plus tolé-
rable que des mets trop dégoûtans
pour que la faim elle-même puisse
toujours s'en contenter : c'est-à-dire,
qu'elle ne sera plus de ces douces sociétés, où, réuni à toute sa famille,
Louis ramenant les mœurs patriarcha-
les, les plaisirs domestiques, se délas-

B iij

soit, au sein de la confiance, des soucis de l'autorité. Là, les titres augustes de Prince et de Roi, faisoient place aux noms sacrés de père et d'enfant, d'époux et d'épouse, de frère et de sœur. Là, ce Dauphin immortel (en le nommant, j'ai nommé toutes les vertus du chrétien, toutes les lumières du sage, toutes les graces de l'esprit le mieux cultivé) déployoit sans effort ces grandes et belles qualités que la France ne connoissoit pas encore, ou qu'elle affectoit de méconnoître. O momens délicieux ! où, loin des entraves de l'étiquette et des yeux des courtisans, les soins de l'amitié, l'épanchement des cœurs faisoient goûter à ces ames royales les plaisirs purs qu'on croyoit incompatibles avec la grandeur! Si du haut du Carmel LOUISE avoit pu jeter un regard d'envie sur Versailles, voilà la seule privation qui auroit mérité ses regrets. Quelle victime que celle qui s'engage à un si grand sacrifice !

Sacrifice le plus réfléchi. Elle le

commence à l'âge où le Sauveur du
monde consomma le sien; à cet âge,
où, pour l'ordinaire, ce n'est pas le
sentiment aveugle qui décide une
démarche importante, mais la raison dans toute sa maturité, qui, pesant
les inconvéniens et les avantages, présente des motifs victorieux, et prévient
les méprises de l'inexpérience. Entre
le projet formé et exécuté, il y a eu
plus de dix-sept ans d'intervalle et
d'épreuves. Aussi, dans ses tendres
prières à Thérèse, elle avoit bien droit
de lui dire : « Ne suis-je donc pas assez
« encore éprouvée? ne connoissez-vous
« pas à fond le vœu de mon cœur?
« n'ai-je pas assez connu le monde pour
« le détester, et ne jamais le regretter?
« J'ai considéré tant de fois une à une
« toutes les douceurs de cet état au-
« quel je veux renoncer! Vaines dou-
« ceurs, douceurs pleines d'amertume!
« fussent-elles mille fois plus pures, je
« préfère le calice de mon Sauveur. Ne
« me dites-pas que j'ignore la législa-

« tion du Carmel... Ah ! je ne me suis
« rien déguisé : abaissement, pauvreté,
« austérités de toute espèce, j'ai mis tout
« au pis. J'ai vu, ô mon Jésus ! j'ai sous-
« pesé la croix dont je vous prie de me
« charger. Ah ! que n'est-elle aussi pe-
« sante que la vôtre ? » Quel srcrifice par
conséquent, et quelle victime !

Victime la plus noble. Ils sembloient
s'être écoulés pour ne jamais repa-
roître, ces jours heureux du christianisme, où le sanctuaire, enrichi des
plus brillantes dépouilles de la Cour,
voyoit les premières têtes de l'Etat
préférer l'humble bandeau de la Religion, à tout l'éclat du Diadême. Il falloit
remonter aux premiers siècles de la Mo-
narchie, pour trouver la fille d'un de
nos Rois qui eût donné l'exemple d'une
si généreuse immolation. En des temps
moins éloignés de nous, les *Isabelle* (8)
de France, les *Jeanne de Valois*, avoient
fondé des Monastères ; mais le courage
de ces pieuses Princesses n'étoit pas
allé jusqu'à leur faire revêtir l'habit

et contracter l'engagement religieux.
LOUISE, en se vouant à toutes les austérités du Cloître, ramène les jours
des plus beaux triomphes de la foi sur
le monde. Je sais que Dieu regarde le
cœur, et non les dignités ou la naissance, et que ce n'est pas par les
fleurs, les pierreries, ou la pourpre
dont elle est couverte, qu'il prise la
victime qui se donne à lui. Mais ne
puis-je pas dire ici, que toute la gloire
de la fille du Roi vient de ses dispositions intérieures, de la beauté de
son ame (*a*), et que, fût-elle née sous le
chaume, LOUISE, par son grand cœur,
n'auroit pas moins fixé les regards et
les complaisanses de l'Eternel?

Victime la plus sainte. Ce n'est pas
une de ces victimes de rebut que le
monde lui-même dédaigne, et qui ne
donnent à Dieu que les derniers soupirs d'un cœur usé par les passions.
Ce n'est pas une de ces grandes coupa-
bles, qui, après s'être malheureusement

(*a*) *Omnis gloria filiæ regis ab intùs.* Ps. 44.

illustrées par des foiblesses éclatantes, ramenées à la vertu par la voie des disgraces, sont allées dans un désert cacher la honte et pleurer le succès de leurs désordres. Le siècle dernier en produisit un exemple mémorable. Cependant le Carmel s'enorgueillit de cette conquête. Le Prélat éloquent accoutumé à immortaliser les morts illustres, célébra ce triomphe de la Religion. Deux Reines l'honorèrent de leur présence. Mais enfin, qu'étoit-ce que ce sacrifice, rapproché de celui que je propose à votre admiration? Louise de la Miséricorde (9), qui avoit scandalisé la Cour, la France, l'Europe entière, peut-elle, par le moindre rapport, entrer en parallèle avec Thérèse de Saint-Augustin, qui ne porta dans la solitude que des vertus, et non des remords ou des désordres?

Victime la plus digne de Dieu par les motifs qui la conduisent à l'autel. Ah! loin d'elle toute vue qui dégraderoit un sacrifice visiblement enfanté

par le goût d'une vertu sublime, et que
le préjugé seul, dans son délire, pourroit représenter comme le fruit d'un
désir ambitieux, ou d'un dépit causé
par une perte irréparable! Si c'est l'ennui, le dégoût de la Cour, l'ambition,
ou quelque autre motif humain qui a
déterminé sa retraite, pourquoi n'a-
t-elle pas choisi une de ces solitudes
célèbres et attrayantes, où, souveraine
sous le nom de bienfaitrice, et conser-
vant tous les droits attachés à son rang,
elle auroit eu tous les apanages de la
grandeur, sans en avoir les chaînes?
En se vouant à l'état religieux, pourquoi ne préfère-t-elle pas un de ces
Ordres antiques et mitigés, où la croix,
symbole d'honneur et d'opulence, n'est
pas toujours un signe d'austérité dans
les mœurs ; où des prélatures hono-
rables, qui se seroient à l'envi offertes
à ses désirs, auroient pu lui ménager
dans le Cloître, tout ce que le monde
peut procurer de douceurs et d'agré-
mens? Etrange motif d'ambition que

celui qui la décide à fixer son séjour dans la maison la plus pauvre, et l'une des plus austères du Carmel, où le sceptre (10), qui ne peut s'arrêter long-temps dans les mêmes mains, et quel sceptre! ne donne d'autre privilége que le droit de mener une vie plus sainte! Etrange ambition, que celle qui eût déterminé une grande Princesse à quitter la Cour la plus brillante, pour s'enfermer dans une prison, s'ensevelir dans un tombeau, et régner sur des morts! Louis XV et la faveur eussènt-ils moins suivi Louise dans un asyle dont les dehors, moins repoussans, n'auroient pas tant inspiré l'effroi? De plus, trente-trois ans d'expérience lui laissoient-ils ignorer qu'à la Cour, plus qu'ailleurs, les absens sont bientôt oubliés? et l'amour-propre qu'on lui suppose, auroit-il été assez peu philosophe dans ses calculs, pour préférer une vie entière de privations et de peines, à l'engouement momentané que pouvoit exciter en sa faveur la singularité de sa démarche ? A quel excès d'injustice et de déraison ne se livre-t-on pas, quand on s'est fait un système de ne jamais voir la vertu, se montrât - elle avec les caractères les plus vrais, et dans le grand jour de l'évidence ?

Apprenez donc les vrais motifs du dévouement de notre héroïne. Qu'a-t-elle prétendu ? s'immoler à la gloire de la Religion, au bien de l'Etat, au salut du Roi ? Elle sait que les destinées des Empires sont entre les mains des Souverains, comme les destinées des Souverains sont entre les mains de Dieu ; que leur façon de penser étant l'évangile des peuples, leurs mœurs particulières forment les mœurs publiques ; qu'entourés d'écueils, et placés au centre de la séduction, ils ont besoin de graces extraordinaires pour y échapper. Eh bien, pour les attirer efficacement sur la Nation et sur le Roi, elle ira habiter la maison de la prière ; et là, associée à la chaste troupe des filles de Sion , elle conjurera le

Dieu de Clovis d'affermir toujours plus le trône de Louis; d'étouffer ces germes de dissentions qui commençoient à fermenter dans l'Etat, et de dissiper des orages naissans. Hélas! pour appaiser la tempête, elle eût été prête, comme Jonas, à se précipiter dans les flots, et à prodiguer sa vie. Faut-il être surpris qu'elle ait sacrifié sa liberté, ses droits les plus chers et toutes ses espérances à de si grands intérêts?

Et que des vues si nobles soient entrées dans les motifs de son dévouement héroïque, je n'en voudrois d'autre preuve qu'un de ses entretiens avec Louis (11). Ce bon père, qui prenoit un tendre intérêt au sort de sa fille, exigea qu'elle lui fît, sans rien dissimuler, l'histoire détaillée du genre de vie qu'on menoit au Carmel. La voilà donc occupée à tracer le tableau de ce régime effrayant, de cette longue suite d'humiliations et d'humiliations, d'austérités et d'austérités qui le composent. Chaque coup de pinceau portoit dans l'ame

de Louis l'édification, l'attendrissement, l'effroi, et faisoit une nouvelle
plaie à son cœur. Mais enfin, en l'inter-
rompant avec une sorte de colère dic-
tée par la tendresse, Pourquoi, lui disoit-il, par ces pieuses cruautés, de-
venir ainsi homicide de soi-même?
ne peut-on ravir à moins de frais
les couronnes du Ciel? pourquoi se
martyriser d'une manière si étrange?—
Pourquoi? c'est qu'il est écrit que
nous périrons tous, si nous ne fai-
sons tous pénitence. Eh! n'ai-je donc
jamais offensé le Seigneur? n'y a-t-il
donc point de pécheurs, de coupa-
bles sur la terre? Ces larmes, mê-
lées quelquefois aux flots de notre sang
dont cette solitude est arrosée, nous
les versons pour expier des infidélités
personnelles et étrangères, les péchés
de nos proches les plus chers. Ah! si
vous saviez, ô mon père! pour qui
de ce désert j'élève sans cesse les mains
vers le Ciel; pour qui je me suis condamnée à ce genre de vie, et ensevelie

dans ce tombeau !..... Jugez de l'impression profonde que fit sur le cœur d'un si tendre père cette parole entre-coupée de sanglots éloquens, et prononcée avec tout l'intérêt du zèle ! Quelle situation plus déchirante pour son ame ! Ses yeux se baignent de pleurs. Confus, troublé, ravi d'admiration, Louis s'arrache à ce saint asyle, où il a vu jusqu'où pouvoit aller la piété la plus sublime, et l'héroïsme de l'amour filial. Ce n'est plus Jephté qui, pour acquitter un vœu imprudent, immole sa fille. C'est une fille généreuse, qui, par le sacrifice le plus réfléchi, se voue toute entière à la prospérité de l'Etat, au salut de son père.

Eh ! mes frères, si ce prince religieux témoigna toujours pour les choses saintes une vénération profonde ; s'il fut constamment aux pieds des autels un grand exemple ; si malgré les tentatives des méchans pour faire asseoir la philosophie sur le trône, il sauva sa foi du naufrage, et ferma l'oreille aux

systêmes

systêmes de l'impiété ; si sa mort édifiante fut pour l'Eglise un sujet de consolation, n'est-ce pas, en grande partie,
aux prières, aux larmes de notre sainte
Princesse que sont dus ces traits frappans de la miséricorde divine ?

Après avoir vu le doigt de Dieu dans
tout ce qui a précédé et accompagné
l'immolation de LOUISE DE FRANCE,
sera-t-il moins aisé de le reconnoître
dans tout ce qui l'a suivie, je veux
dire, dans l'héroïsme des vertus religieuses dont Thérèse de Saint-Augustin
va nous offrir le spectacle ?

Parmi les titres nombreux qu'elle
s'est acquis à notre admiration, j'ai
presque dit à notre culte, sa fidélité
persévérante à remplir tous les devoirs de l'état religieux, prodige de
constance d'autant plus merveilleux
qu'il est plus rare, frappe d'abord
mes regards. En effet, l'on est moins
héros pour avoir remporté sur soi-
même une de ces grandes victoires
qui coûtent à la nature de grands

C

efforts, que pour s'être distingué
par une suite de petits triomphes,
moins difficiles en eux-mêmes, mais
plus propres par leur continuité à
lasser le courage. S'agit-il de se signa-
ler par un sacrifice héroïque? l'ame se
recueille, ramasse toutes ses forces, et
s'environne de tous les appuis qui peuvent étayer sa foiblesse; appuis que n'a
pas toujours la vertu dans l'exercice de
ces actes, plus aisés à produire, mais
plus souvent renouvelés. Ainsi quelqu'admirable que fût LOUISE, lorsque
nous la vîmes monter à l'autel pour
s'y immoler toute entière; quoique
ce premier pas dans les routes de la
perfection fût un pas de géant, ce
n'étoit-là qu'un héroïsme momentané,
ou, si vous le voulez, qu'un engagement solennel à l'héroïsme. Mais remplir toute l'étendue des devoirs attachés à cet engagement, sans se dé-
mentir jamais; depuis le premier acte
de sa consécration jusqu'à celui qui a
terminé une si belle carrière, avoir

gardé les observances les plus pénibles du Carmel avec tant d'exactitude, que, si le code de la Réformatrice eût été perdu, l'on en auroit pu retrouver toutes les lois dans la conduite de la nouvelle Thérèse; ah! voilà ce qui doit nous pénétrer pour elle d'un saint respect; voilà le prodige de la fidélité et du courage!

Son attachement à la règle étoit si peu équivoque, qu'à peine liée par des vœux, on n'hésite pas de la choisir pour former les novices à la vie religieuse; choix (12), qui ne fut pas un tribut payé à l'illustration de la naissance, mais un hommage rendu au mérite de la ferveur, puisqu'on ne peut exercer ce ministère, le plus important et le plus pénible de tous, sans donner l'exemple d'une sainteté plus éminente. Et combien de vertus sortirent d'une école qui avoit à sa tête la vertu elle-même sous les traits de LOUISE! Combien de jeunes cœurs arrachés à toute affection profane, et embrasés du saint amour! *Mes sœurs,* leur disoit-elle quelquefois, *peut-être ne saurai-je pas vous parler; mais je saurai agir.* Ame trop humble, ne craignez rien. Quand on sait bien agir, l'on sait toujours bien parler. Le ton du sentiment n'est pas dénaturé sur vos lèvres. Non, la langue des Fénelon et des Surin, des parfaits et des mystiques, ne vous est pas étrangère. Mais si l'éloquence des exemples persuade toujours mieux la vertu que les plus beaux discours, qui saura mieux que vous lui faire des prosélytes? Qu'elle obéisse, ou qu'elle donne des lois; quels que soient les ministères qu'on lui confie, elle change d'occupation, mais sa fidélité est toujours la même. En elle point de ces accès d'une ferveur intermittente, qui s'élève quelquefois et tombe souvent. Point de ces inégalités d'une piété variable, qui, si je puis parler de la sorte, a ses phases périodiques, dont un observateur attentif pourroit calculer les ac-

croissemens et le déclin. Toujours pas-
sionnée pour l'état austère qu'elle a
embrassé, son enthousiasme (13) ne
s'est jamais refroidi; et les yeux les plus
clair-voyans, les yeux même de l'envie,
n'auroient pu remarquer dans sa conduite des jours de sommeil, et des momens de foiblesse.

Je sais que cette fidélité exem-
plaire et constante aux devoirs les
plus pénibles, trouva des incrédu-
les dans un monde qui ne croit pas
aux vertus, et à des vertus trop au-
delà de sa portée. Il s'imaginoit que
les priviléges de sa naissance avoient
suivi Madame LOUISE jusque dans
l'obscurité de sa retraite; qu'au lieu
de la bure et du cilice, la soie et le fin
lin couvroient ses membres délicats;
qu'en un mot, son nom, sa haute qualité la mettoient au-dessus de la règle.
Aveugles appréciateurs de cette grande
ame, croyez-vous donc qu'elle n'aura
fait un divorce complet avec le monde
le plus séduisant, un pacte si solennel

avec la vertu la plus sublime, que pour
mener une vie commune dans la foule
obscure des tièdes, et la classe des im-
parfaits? Croyez-vous, que sur les ailes
de la grace cette aigle n'aura pris son
vol vers le sommet du Carmel, que
pour ramper honteusement au bas de
la montagne sainte? Ah! que vous la
connoissez bien peu! veut-on la sous-
traire à une pratique des plus rigoureuses? *Pour être fille de Roi*, répond-
elle, *en suis-je moins obligée de faire
comme les autres?* Clément XIV craint
qu'une Princesse, élevée dans la mollesse des Cours, ne puisse pas soutenir les austérités du Carmel; et par une
dispense légale, il croit devoir la dé-
charger d'une partie du fardeau. Malgré son respect pour tout ce qui émane
de Rome, comme elle repousse les précautions d'une sagesse trop timide!
Tout ce qui a l'air d'exemption est in-
digne de son courage, et ne sauroit
entrer dans le système de fidélité qu'elle
s'est tracé. Si, novice encor, elle daigne

accepter quelques adoucissemens, crus nécessaires à la délicatesse de sa complexion, c'est pour que la tendresse paternelle ne trouve pas, dans le dépérissement de sa santé, un prétexte de la rappeler à la Cour : *Mais je saurai bien*, ajoutoit-elle, *me dédommager quand je serai professe, et qu'il n'y aura plus rien à craindre du côté de Versailles*. Ame fidelle ! nous savons jusqu'à quel degré d'héroïsme vous avez tenu parole et rempli vos engagemens.

Il est vrai que Dieu favorisa cet attrait pour les rigueurs de la Croix, en renouvelant à son égard le miracle opéré à Babylone sur Daniel et les trois autres jeunes Hébreux. Par un prodige qui frappoit d'étonnement tous ceux qui en étoient les témoins, sa santé, si foible et si chancelante au milieu des délices de la Cour, se fortifia par les austérités du Cloître. Ce visage sur lequel les privations, l'abstinence, les jeûnes, longs et multipliés auroient dû

C iv

laisser les traces profondes de leurs
saints ravages, paroissoit brillant de
fraîcheur et d'embonpoint; et cet ac-
croisement de forces miraculeuses,
tournant au profit de l'abnégation,
la disposoit toujours plus à immoler
son corps à la pénitence.

Rougissez donc de vos soupçons injustes, vous qui la croyiez assez peu
généreuse, pour se faire, de son nom,
une espèce de sauve-garde contre les
observances de la loi, tandis qu'au contraire, loin de rien retrancher du poids
de ses obligations, elle y ajoutoit;
et que le champ des austérités lui pa-
roissant trop circonscrit, il falloit de
temps en temps que l'autorité lui per-
mît de l'étendre, et abandonnât LOUISE
aux inspirations de sa ferveur. *Fait-
elle comme les autres* (14) ? Qu'il me
soit permis de répéter un doute inju-
rieux qui a souvent retenti à mon
oreille indignée! Non, sa conduite ne
l'assimiloit pas entièrement aux autres,
puisque dans une lice aussi célèbre

que le Carmel de Saint-Denys, LOUISE, toujours au premier rang, toujours à la tête des plus laborieux exercices, guidoit et dévançoit les athlètes les plus forts : puisque dans un asyle de perfection aussi vanté, elle étoit encore plus recueillie, plus pauvre, plus humble, plus esclave de ses devoirs, que les émules de sa vertu ; que jalouse d'avoir la meilleure part *du faisceau* (a) *de myrrhe de son bien-aimé*, elle auroit voulu se l'approprier tout entier, détacher toutes les épines de la couronne du Sauveur pour s'en former un diadême sanglant ; et qu'enfin dans cette troupe glorieuse d'amantes de la Croix au milieu desquelles elle vivoit, LOUISE paroissoit autant la première par la sainteté, que par la naissance. Telles dans la Hiérarchie céleste, la foi nous montre des intelligences d'un ordre supérieur, obscurcir, effacer par leur éclat les Anges eux-mêmes,

_____

(a) Cant. I. 12.

quoique rayonnans de gloire, de lumière et de beauté.

Tant de constance à remplir des devoirs si pénibles, fera croire, sans doute, que la grace l'inondant des plus purés délices, lui laissoit bien moins ressentir les peines, que goûter les plaisirs de la vertu. Non, chrétiens auditeurs ; et qu'il me soit permis de révéler, de dévoiler au grand jour le secret de cette grande ame, et le mystère d'une Providence bien rigoureuse à son égard. Ces consolations célestes, dont le Seigneur gratifie ici bas quelques-uns de ses favoris, et qui ne lui furent pas épargnées lorsqu'elle habitoit la Cour, LOUISE ne les ressentit presque jamais sur le Carmel. Le calice d'amertume, qu'elle épuisoit pourtant jusqu'à la lie, n'étoit pas pour elle cette coupe enivrante que le prophète-Roi trouvoit si délicieuse. *Et calix meus inebrians quàm præclarus est (a)!* Tout me coûte à l'excès (15), disoit-

_____

(a) Ps. 22. 5.

elle. Nul de ses triomphes sur elle-même qui n'ait été le prix d'efforts pénibles et de combats violens. Le monde où elle vivoit étoit si différent en tout de celui où elle avoit vécu ! il lui falloit triompher de l'orgueil de la naissance, s'élever au-dessus des préjugés de l'éducation, vaincre la nature et ses penchans impérieux. Thérèse de Saint-Augustin avoit à lutter contre LOUISE de France. Dans ses premières années, à cet âge où le caractère commence à se déceler, le sien avoit paru s'annoncer par des traits de fierté : et peut-être que si les vertus chrétiennes et religieuses n'eussent pas refondu son ame, jamais Princesse n'eût été plus tentée de se mesurer à toute la hauteur de son rang. Qu'il est donc glorieux pour elle d'avoir été un prodige d'humilité !

Rien de si rare, même parmi les partisans de la piété que les cœurs véritablement humbles. La passion qui survit à tous les vices et élève son trône sur les débris des autres passions, l'orgueil, n'a pas tellement fixé son séjour dans le palais des Grands, qu'il ne se réfugie aussi jusque dans la cellule d'un solitaire, plus fier lorsqu'il se cache sous la bure et la haire, que lorsqu'il reluit sur la pourpre, et se montre avec le plus grand appareil. La vertueuse LOUISE sera-t-elle sujette à cette grande misère de l'humanité? Après avoir partagé l'encens des dieux de la terre, reçu les hommages de l'adulation, et respiré l'air de la grandeur, saura-t-elle se rapetisser et descendre? oui, chrétiens auditeurs. Toute distinction honorable, tout ce qui pourroit rappeler son ancien état, elle y renonce. Son nom, ses titres, elle les a abdiqués. L'humble troupe de vierges qui habitent le Carmel, voilà la nouvelle famille qu'elle adopte; elle aime à se dire leur sœur : que dis-je? elle est, et se glorifie d'être la servante de toutes. Bien différente de ces sages de l'antiquité, qui, sous les haillons de la misère, portoient un cœur fier et

superbe, on ne pourra pas l'accuser
de fouler aux pieds le faste par un faste
plus révoltant. Qui fut jamais plus do-
cile à la voix de l'autorité ? plus en-
chaînée au joug de l'obéissance ? plus
dépendante des Supérieurs dans l'ensemble et dans les détails de sa conduite ? En vain, dans les occasions importantes, ces vertueux conducteurs
du peuple saint croient devoir l'appeler aux conseils de leur sagesse : sans
chercher à y dominer, sans abuser de
son crédit, leur volonté, toujours la
sienne, est la seule qui triomphe.
Comme elle est ingénieuse à faire valoir les qualités louables que ses filles,
en entrant au Carmel, ont apportées
pour dot ! Comme elle relève leur sacrifice, pour dégrader le sien ! A l'entendre, leur offrande, plus méritoire,
l'emporte de beaucoup sur les riches
dépouilles qu'elle a suspendues autour
du sanctuaire. En quittant la Cour,
qu'a-t-elle quitté ? des chaînes dorées,
un bonheur apparent et des peines

véritables ; au lieu que les dons de la
nature, la jeunesse, l'esprit, les talens,
sur-tout le prix inestimable de la liberté, offroient à la plupart d'entre elles
une perspective plus flatteuse, et l'espoir mieux fondé d'un bonheur plus
réel. Tel étoit le langage de son humilité, qui se manifestoit bien plus par des
actions que par des paroles (16).

Quelle idée ne vous seriez-vous pas
formée de ses humbles sentimens, si
vous l'eussiez vue tomber aux genoux
de ses sœurs adoptives ; s'avouer cou-
pable à leurs pieds de torts imaginaires,
dont elle étoit la seule à s'apercevoir ;
s'assujettir aux pratiques humiliantes
que les législateurs des Cloîtres ont
sagement inventées pour miner l'a-
mour-propre ; briguer comme une précieuse faveur l'avantage de rendre aux
infirmes les services les plus abjects ;
panser leurs plaies, et se dévouer aux
ministères les plus vils et les plus dégoûtans..... Je m'arrête. Il est un genre
d'héroïsme qui n'est pas fait pour être

senti par un siècle tel que le nôtre. En voulant le dévoiler aux yeux du monde profane, qui jusque dans la vertu ne cherche que l'éclat, je risquerois d'exposer les prodiges de la grace aux dérisions de l'orgueil, et peut-être aux blasphêmes de l'impiété.

Et c'est le rejeton d'une tige féconde en héros, c'est la fille de trente-deux Rois, qui se porte à des excès d'abaissemens que je n'ose décrire! Augustes aïeux dont le sang coule dans ses veines, reconnoissez-vous à ces traits l'héritière de votre gloire? Ah! il me semble voir vos Ombres glorieuses, vos Mânes courroucées, s'agiter dans la tombe, frémir de surprise et d'indignation. Que dis-je? détrompés de toutes les brillantes erreurs, vous savez maintenant que des chrétiens qui ont le courage de s'abaisser pour imiter leur divin chef, s'humilient et ne s'avilissent pas; et que la véritable grandeur, loin d'être incompatible avec les abaissemens volontaires qu'inspire la

Religion, n'en devient que plus écla-
tante. Et qui sait si le Seigneur qui
élève et glorifie l'homme en proportion
de ce qu'il s'est humilié, ne récompen-
sera pas l'humble LOUISE par les honneurs de l'apothéose ? si le Dieu de
Clovis, de Charlemagne, de Louis IX,
ne sera pas spécialement proclamé le
Dieu de LOUISE ? Qui sait si l'Auréo-
le sacrée, symbole d'honneur plus distingué que les Diadêmes, n'ornera pas
son front humilié dans la poussière ?
si nos neveux ne verront pas un jour
sa cendre honorée, passer du tombeau
sur l'autel ; et si la gloire de sa sainteté, solennellement reconnue, ne re-
jaillira, ne s'étendra pas sur toute la
race des Bourbons ?

De son vivant même, vous le savez,
la ville qui doit son nom au premier
martyr de la France, avoit acquis un
nouveau titre de célébrité par le martyre de notre héroïne. Ce lieu de son
séjour, cette cité qu'on ne compte
plus parmi les moins distinguées, étoit
devenue

devenue un objet intéressant de curiosité. Ce que l'étable de Bethléem fut pour
les Rois de l'Orient à la naissance du Mes-
sie, la solitude de LOUISE l'étoit pour
les Rois de l'Europe, et les Césars. Ils y
accourent, attirés et conduits non plus
par l'apparition d'un nouvel Astre, mais
par un phénomène des plus étonnans
que puisse présenter la vertu. Frappés
d'un spectacle si prodigieux de pauvreté, d'abaissement, de souffrances volontaires, ces illustres voyageurs avouent
que Rome dans sa magnificence, et
tout ce qu'ils ont vu de plus beau dans
les Cours, ne les avoient pas tant éton-
nés, que LOUISE et sa cellule (17).

Et quoi de plus merveilleux encore
que la patience, la fermeté héroïque
qu'elle déploya dans les grandes épreuves où fut mis son cœur! Sans rappeler ici les coups terribles que Dieu
irrité contre la France avoit frappés
dans sa colère, lorsque Madame LOUISE
étoit encore à la Cour, et dont personne ne sentit plus vivement qu'elle

D

toute la rigueur ; la mort de l'héritier présomptif de la Couronne, de ce frère adoré, de ce grand Prince que les bons François pleurent encore ; la mort d'une Reine, la plus sainte des Princesses, comme la plus tendre des mères ; sans rappeler des malheurs d'un autre genre, que j'aurai lieu de déplorer dans la suite de ce discours ; ne parlons que de ces tristes évènemens qui vinrent porter le deuil dans sa solitude, et répandre des nuages sur ses plus beaux jours. Fille chérie de LOUIS, elle aimoit et avoit tant de raisons d'aimer dans son Roi le meilleur des pères ; LOUISE avoit renoncé à l'éclat du rang, aux délices de la Cour ; mais ses droits les plus précieux, ses droits sur le cœur de ce père chéri (18) lui étoient restés ; et tout-à-coup elle apprend que la maladie la plus affreuse menace ses jours. Ah ! si, comme ses augustes sœurs, elle pouvoit aller lui prodiguer les soins de la tendresse filiale ! Mais les chaînes de son état,

dont elle n'a senti la pesanteur que
dans cette triste conjoncture, l'em-
pêchent de voler à son secours. Du
moins, à la tête de ses ferventes compagnes, elle ira embrasser les autels,
faire parler, auprès de l'arbitre de la
vie et de la mort, la voix des supplications, des larmes, des jeûnes. O mon
Dieu! ô mon Dieu! sauvez le Roi, s'é-
crie-t-elle nuit et jour, en donnant à
cette prière toute l'étendue dont elle
est susceptible. Prières, larmes, austérités du Carmel, vous ne serez pas
inutiles! La mort est inexorable, mais
le ciel ne l'est pas, puisque LOUIS meurt
pénitent. Peignez-vous, s'il est possible, toute l'amertume de ce cœur
navré et flétri. Sans doute que plus
inconsolable que Rachel, elle va faire
retentir sa solitude de cris déchirans.
Non, le silence de la résignation est
l'unique langage de sa douleur; que
dis-je? et c'est ici le triomphe de sa
foi, que je ne puis trop admirer; eût-
elle le pouvoir de tirer du tombeau ce

bon père, dès-là qu'un saint repentir a consacré ses derniers instans, LOUISE proteste qu'elle se refuseroit à un miracle qui, le rendant à sa tendresse, auroit fait le bonheur de sa vie.

De nouvelles terreurs mettent sa sensibilité à de nouvelles épreuves. ADÉLAÏDE, VICTOIRE, SOPHIE, noms écrits en lettres d'or dans les fastes où se conserve le souvenir des généreux dévouemens, sont prêtes à périr victimes de la piété filiale ; et LOUISE craint d'avoir à pleurer quatre morts à-la-fois. Heureusement le tombeau, qui, avide de funérailles, s'étoit déja entr'ouvert pour engloutir ces trois héroïnes, se referme ; mais peu d'années après, en se r'ouvrant pour l'une d'elles (19), il renouvellera les blessures de ce cœur sensible et désolé. O mort, en menaçant ou abattant ainsi les têtes les plus augustes, n'as-tu donc pas assez affligé la tendresse de LOUISE, et faut - il qu'une victime bien chère tombe encore sous tes coups au Carmel?

Oui, elle lui sera enlevée cette respectable amie, son oracle dans les doutes, sa consolation dans les peines, cet ange qui, sous le nom de *Julie* (20), a guidé ses premiers pas dans le sentier épineux du calvaire; cette mère si vénérée et si chérie, femme vraiment forte, qui, chargée de la délicate fonction de faire connoître et goûter le Carmel à une Princesse élevée près du trône, de l'instruire de tout sans trop l'effaroucher, jugea assez bien la fervente prosélyte, pour lui donner le sage et courageux conseil de n'être point religieuse en fille de roi, et carmélite à demi. Hélas! ces deux belles ames faites pour s'entendre, s'estimer et se diriger mutuellement, s'appuyoient l'une sur l'autre, avec la douce confiance qu'inspire la sympathie des goûts et des sentimens. Leur union, qu'il ne faut pas confondre avec ces associations isolées et dangereuses, qui ne subsistent qu'aux dépens de la charité universelle, s'étoit formée sous les auspices de la vertu, et influoit sensiblement sur le bien général. Cette amitié sainte, épurée, avantageuse à tous égards, avoit pour elle les suffrages les plus respectables. *Julie* meurt, et des liens si doux sont brisés. Quel vide cette séparation n'auroit-elle pas laissé dans le cœur de LOUISE, s'il pouvoit s'en trouver dans un cœur que Dieu remplit, et s'il étoit quelque affliction qui ne devienne calme et soumise aux pieds des autels consolateurs?

Jusqu'ici je ne vous ai presque mis sous les yeux que sa vie privée. Ses vertus publiques, les prodiges de son zèle, pour être développés dans toute leur étendue, demanderoient seuls un long discours; et je puis à peine les indiquer.

Toute vraie piété est amour de Dieu, et tout amour de Dieu est zèle; zèle qui, jamais oisif, rend tout chrétien soldat de Jésus-Christ, et fait du solitaire lui-même un Apôtre. Ne soyons donc pas

surpris que LOUISE ait montré du zèle;
que ce zèle libéral, industrieux, actif,
ait saisi toutes les occasions de glorifier le Seigneur; qu'il ait procuré à des
lieux que le voisinage de la Capitale
avoit infectés de son venin, un de ces
grands moyens de salut (20), qui, sous
un nom trop décrédité aujourd'hui,
ébranlent les villes, donnent aux ames
endurcies dans le crime, des secous-
ses salutaires, et quelquefois rendent
à la vie des Lazares de cinquante ans.
Quels encouragemens ne trouvoient
pas auprès d'elle, et ces orateurs vraiment chrétiens, qui tonnent avec succès contre les erreurs et les vices; et
ces Tertulliens modernes, qui, voués
à la cause des cieux, consacrent leur
plume à la défense de la Religion; et
ces écrivains ascétiques, habiles à
découvrir les mystérieux secrets de la
vie spirituelle, à frayer les routes de
la perfection? Avec quel empressement
les Cénobites, dignes de ce nom, les
Lévites zélés, les Pontifes les plus saints

D iv

venoient s'environner de ses vertus, et
respirer à son ombre! Parmi ces derniers, je remarque ce vieillard vénérable (21), que l'austérité de sa vie, son
recueillement profond, un siècle de
travaux eussent dignement associé aux
Paul et aux Antoine dans les déserts;
cet homme de prière et de zèle, dont
la sainteté, canonisée par la voix publique, étoit l'admiration et le désespoir
des illustres solitaires de Clairvaux ré-
formé; le François de Sales de notre
siècle, autant par son éminente piété,
que par les saillies de son esprit et l'aménité de ses mœurs. Eh bien! le saint
évêque d'Amiens (car c'est ainsi qu'il
étoit surnommé), après avoir vu l'héroïne du Carmel, ne se lassoit pas de
raconter, d'exalter ses vertus : *Je sors
de ses entretiens*, disoit-il, *toujours plus
édifié de l'humble et fervente Princesse,
et toujours plus mécontent de moi.*

Mais en voyant les forts d'Israël ras-
semblés autour de Thérèse de Saint-
Augustin, n'allez pas calomnier sa piété

simple et sans faste comme elle. Seriez-
vous assez injustes pour voir, dans l'esprit qui l'anime, un esprit de secte,
de confédération, de ligue dangereuse,
et pour soupçonner le Carmel d'avoir
servi de foyer au fanatisme ? LOUISE
fanatique ! elle qui savoit si bien renfermer son zèle dans les bornes pres-
crites ! elle qui, pleine de respect pour le
Trône et l'Autel, auroit donné son sang
pour consolider l'un par l'autre ! elle qui,
dans une occasion importante, pressée
par une personne très-recommanda-
ble, d'employer son crédit en faveur de
la religion, résista courageusement à
ses instances. *Dieu semble le demander de
vous*, lui disoit-on. *Vous vous trompez*,
répondit avec vivacité la Princesse; *Dieu
demande de moi, que je sois un Moyse,
et non pas un Josué.* Non qu'elle se fût
refusée à des démarches utiles et pru-
dentes, qu'elle auroit prévu devoir favoriser l'œuvre de Dieu. Si quelque
fidèle Mardochée lui eût dit : Vous êtes
l'espoir d'Israël, et presque son unique

recours ; votre nom , et l'ascendant
irrésistible de la vertu , vous donnent
le droit de prier , d'intercéder avec
succès ; portez aux pieds du Trône , les
vœux, les besoins de l'Eglise, et de la Patrie éplorées: sans doute que cette nouvelle Esther ne se seroit pas condamnée
à un lâche et timide silence. Elle auroit
osé parler, et elle l'eût fait avec toute la
modération du vrai zèle. Mais comme
sa foi lui montroit, sur la tête des Rois,
le Seigneur des Seigneurs , elle étoit
bien plus jalouse d'avoir du crédit auprès des Puissances du ciel qu'auprès
des maîtres de la terre. Aussi dans les
momens de crise pour la Religion et
pour l'Etat, sa confiance ne s'appuyoit
pas sur les Grands du monde. Les esprits célestes , les amis de Dieu , les
Saints ; voilà sur-tout quels étoient ses
confidens et ses patrons ; voilà les in-
tercesseurs à qui elle faisoit la cour ,
et dont elle réclamoit le pouvoir.

　La triste révolution arrivée au Carmel, dans les Etats soumis au Chef de

l'Empire (22), ouvre à son zèle et à sa
charité une carrière brillante. Malgré
tous ses efforts, c'est-à-dire, malgré ses
prières au Très-Haut pour détourner l'orage, cet arbre, sur les rameaux
duquel les oiseaux du ciel venoient se
reposer, est frappé de la foudre ; et
quelques-unes de ses plus fortes branches, arrachées avec violence, présentent à LOUISE le spectacle le plus affreux.
Comme son active sollicitude embrasse
les divers Monastères de l'Ordre religieux auquel son sort est lié, qu'elle est
l'ame de ce grand corps, et souffre de
tous ses maux, son premier soin est de
chercher un asyle aux infortunées qu'on
enlève à leur patrie, à leur état, et qui,
rentrant dans le monde, vont être exposées à tous les périls dont le cloître
les garantissoit. La fille de Pharaon fut
moins touchée à la vue du berceau de
Moyse flottant sur les eaux du Nil, que
ne le fut notre Princesse en voyant tant
d'Epouses de Jésus-Christ exposées sur
la mer orageuse du siècle. Que ne fit-

elle pas pour les ramener au port, et
prévenir de tristes naufrages ? A sa
demande, un Prince religieux, Louis
XVI leur ouvre ses Etats; et la France,
asyle ordinaire des malheureux, recueille les débris d'Israël, et se partage
ces précieuses dépouilles. La maison
qu'habite Louise, se distingue par des
sentimens pratiques de commisération.
Que vois-je ? ce Monastère qui, par
son extrême indigence, entraîné sur le
penchant de sa ruine, eût été proscrit
et abandonné, si, par un miracle visi-
ble, la providence divine n'avoit pas
choisi la fille du Roi pour en être la
restauratrice, est en état de recevoir
dans son sein une colonie nombreu-
se (23). Les pavillons de Juda s'embel-
lissent; les tentes de Jacob agrandies,
offrent une enceinte plus spacieuse et
plus commode. Sur les débris d'une
église rustique, où rien ne retraçoit
aux yeux la Jérusalem céleste, s'élève un
Temple superbe, digne de la majesté
du Dieu qu'il renferme, et de la mu-

nificence du Monarque qui l'a fait ériger. Combien de jeunes vierges distinguées par la naissance, du moins par
la noblesse des sentimens, amenées au
Roi des Rois à la suite de LOUISE, sont
venues consacrer leur liberté dans un
asyle qu'elle illustroit par ses bienfaits,
par ses exemples et par la sagesse de
son gouvernement (*a*)?

O vous qui régnez dans Sion, et jugez
le peuple de vierges soumis à votre
empire, instruisez-vous à l'école de
LOUISE, et d'après un si beau modèle,
n'exercez sur les sujets que vous a
donné la religion, ni ce pouvoir arbi-
traire qui se conduit par le caprice et
l'humeur, par l'inclination et l'antipa-
thie; ni ce despotisme sacré qui appe-
santit le joug, et tyrannise; ni cette lâche tolérance qui ne sachant point faire
respecter la Règle, et venger ses droits
violés, laisse un libre cours à la licence,
et introduit l'anarchie. Durant les huit

(*a*) *Adducentur regi virgines post eam.* Ps. 44.

années que la digne Prieure dont je parle, a tenu les rênes du gouvernement, ce n'est pas elle qui commandoit, mais la loi. Gardienne fidèle de ce saint dépôt, avec quel zèle elle en a maintenu l'intégrité! Elle vouloit que les plus légères observances, comme les plus essentielles, fussent suivies ponctuellement, parce que le relâchement dans les moindres devoirs entraîne, pour l'ordinaire, de grands désordres; que dans la maison du Seigneur, comme dans le palais des rois, rien n'est bas et petit; et que le succès de tous les gouvernemens, dépend moins des grandes vues, dont on exagère l'heureuse influence, que de l'esprit de détail, trop avili et trop négligé. L'amour de l'ordre étant son penchant favori, elle exigeoit qu'il régnât par-tout, et constamment. Mais comment l'exigeoit-elle? par ses exemples plus que par ses leçons; et toujours avec ces manières insinuantes, ces graces, cette aménité peu commune

qu'elle avoit apportée de la Cour. Qui
sut mieux qu'elle ôter au commande-
ment ce que le ton de dignité lui laisse
quelquefois de hauteur et de morgue?
si les traits de son ancienne grandeur,
gravés encore sur son front, intimident
tant-soit-peu et glacent la confiance;
aussi-tôt par un air moins imposant,
par des dehors plus affables, elle sait
rapprocher les distances. La princesse
s'éclipse totalement, la supérieure même disparoît; il ne reste que la mère
tendre et l'amie affectionnée. Par les
charmes de cette bonté persuasive, plus
que par sa fermeté vigoureuse, elle
s'opposoit aux infractions de la loi, et
déconcertoit les tentatives de la licence.
Hélas! dans un grand Corps, il se trouve
presque toujours quelque esprit sin-
gulier, qui, par ses travers, fatigue l'autorité; des caractères dissonans, qui
rompent l'unité et troublent l'har-
monie générale; des novateurs, qui,
frondant des usages antiques et respectables, voudroient y substituer de

modernes erreurs; des mécontens, qui,
regardant derrière eux, soupirent après
la liberté qu'ils ont sacrifiée, et gémis-
sent sous un joug qu'ils aggravent en
voulant l'alléger. La sagesse de LOUISE
prévint les dégoûts, les mécontente-
mens, et ferma l'entrée du Carmel
à des abus qui pénètrent quelquefois
dans les maisons les plus régulières.
Rien n'échappoit à l'œil de sa vigilance
éclairée. Son activité infatigable embrassoit toutes les affaires du dedans
et du dehors, toutes les branches de
l'administration spirituelle et tem-
porelle. Mais quoiqu'elle eût dans un
degré supérieur, le discernement des
esprits, ce tact sûr que donne la nature, cette connoissance des hommes,
fruit de l'expérience et de l'usage du
grand monde ; pour mettre son gouvernement plus à l'abri de l'erreur,
elle eut toujours le bon esprit de se
défier de ses lumières, d'interroger et
de s'approprier les lumières d'autrui.

Voulez-vous voir ailleurs l'ouvrage
et

les succès de son zèle, transportez-vous dans cette solitude déjà si célèbre, où les enfans et les rivaux des Jean-de-la-Croix, des Antoine-de-Jésus, retracent dans *Charenton* (24) l'ascétisme sublime, la ferveur éclairée que ces hommes d'oraison firent autrefois admirer à *Durvel.* Eh bien! cette Réforme, née du sein de la Réforme, nouveau rempart contre le relâchement, vers lequel les sociétés les plus saintes tendent toujours, c'est le zèle de LOUISE qui, de tout son pouvoir, l'a servie et protégée.

Ce zèle se bornera-t-il à influer sur les destinées du Carmel? Non. Que ne lui doivent pas aussi les diverses tribus religieuses, répandues dans l'univers chrétien? L'état respectable qui, après avoir changé en campagnes fécondes nos forêts défrichées, fit germer dans les déserts les plus belles vertus : cet état qui a donné à l'Eglise quelques-unes de ses plus brillantes lumières, et de ses plus fermes colonnes; au monde, des exemples du plus austère

E *

christianisme ; aux peuples ensevelis dans les ténèbres de l'erreur, des apôtres; à la jeunesse, des maîtres éclairés, des institutrices zélées ; aux malades, aux indigens, aux malheureux de tous les genres, mille bras actifs, des cœurs compatissans et secourables; l'état religieux, humilié, dégradé, flétri, sembloit, par une sensible décadence, annoncer sa chute prochaine. La voix du Seigneur, ou plutôt la voix puissante des maîtres du monde, ses représentans et ses ministres, avoit ébranlé le désert (*a*). Les cèdres eux-mêmes du Liban, qui portoient dans les cieux leur tête superbe, brisés et fracassés, couvroient la terre de leurs énormes débris. *Il est, dit le Sage, un temps où l'on bâtit, comme il en est un où l'on détruit* (*b*). Chaque siècle a son génie, sa façon de voir qui le caractérise. La politique des cours, la politique humaine, les combinaisons et les plans du génie changent et varient suivant les temps, les lieux et les

---

(*a*) *Vox domini concutientis defertum.* Ps. 28 , 8.
(*b*) Eccles. 3, 33.

intérêts divers. Dieu seul est immuable dans ses décrets; et sa providence, qui se joue des vains projets des hommes, sait tirer gloire des plus funestes événemens.

Il ne falloit rien moins que le courage de LOUISE, pour lutter contre un siècle qui malheureusement se distingue par le ton anti-religieux, et pour essayer de donner aux esprits fascinés une autre direction. Combien de proscriptions du peuple saint n'a-t-elle pas empêchées ou retardées! L'habit monastique porté par une fille de roi; les livrées de la pénitence qu'elle ne craignit pas d'arborer, rendirent ces livrées et cet habit plus respectables. Le monde, qui avoit vu avec étonnement un Religieux, passer de l'obscurité du cloître sur le premier trône de l'Église, vit avec bien plus de surprise une grande Princesse, du séjour des grandeurs, des marches du trône, descendre au séjour obscur des humiliations. Les filles de Sion, qui

ne faisoient redire aux échos de leurs
solitudes que des accens plaintifs, leur
apprirent à répéter les cantiques de l'a-
légresse. On vit bientôt ces déserts re-
peuplés de vierges et de vertus. Le feu
de la ferveur, qui s'étoit refroidi, parut
se rallumer ; et l'on auroit rougi de
trouver trop dur, de secouer un fardeau dont la pesanteur n'effrayoit pas
la courageuse LOUISE.

Mais tandis que j'esquisse l'ébauche
informe d'une vie si sainte et si utile,
je crois entendre les plaintes amères
que vous adressez à la mort. O mort!
pourquoi viens-tu sitôt terminer une
carrière, qui, pour notre bonheur, ne
pouvoit trop long-temps être prolon-
gée? Des Sybarites, qui ne font que
végéter sur la terre ; tant de femmes
plus que frivoles ; tant d'hommes, dont
l'existence, inutile ou funeste, pèse sur
le genre humain, semblent éterniser
ici bas leur ignominieuse vieillesse :
et dans des momens critiques, où la
religion, les malheureux, les amis de

la vertu avoient encore un si pressant besoin de l'héroïne du Carmel, la trame de ses jours est coupée! Dieu juste! que de raisons n'avez-vous pas de nous affliger! je bénis votre nom; j'adore votre providence. Nous l'avons vue éclater dans tout ce qui a précédé et suivi l'immolation glorieuse de LOUISE, tout vous a dit que Dieu nous l'avoit donnée, que Dieu seul a pu inspirer, préparer, faciliter des sacrifices si fort au - dessus de la foiblesse humaine : *Dominus dedit.* J'espère qu'après l'avoir contemplée sur le lit de mort, vous ne pourrez vous empêcher de dire, en rendant hommage à la providence divine : C'est le Seigneur qui nous l'a enlevée : *Dominus abstulit.*

SECONDE PARTIE.

En privant la terre de la sainte Princesse que nous pleurons, Dieu, si j'ai bien su sonder ses décrets adorables, exerce un jugement de miséricorde sur elle, et de justice sur les hommes : il la récompense, et il nous punit. Et quelle plus belle récompense qu'une mort qui, accélérant les jours éternels de sa béatitude, la met en possession d'une couronne de gloire des plus brillantes ; abrège une vie d'épreuves cruelles ; et, par les circonstances qui l'accompagnent, est infiniment précieuse aux yeux du Seigneur ? En nous l'enlevant, Dieu fait donc éclater sur elle des traits marqués d'une providence miséricordieuse, et nous fournit en ce jour de deuil, de puissans motifs de résignation : *Dominus abstulit.*

La mort, si terrible pour ceux qui ne voient à sa suite que le néant ou le lieu des supplices, est bien douce pour le juste, qui, comme LOUISE, l'a toujours envisagée avec les yeux d'un philosophe chrétien. Depuis quelque temps une voix intérieure, oracle trop sûr, sembloit l'avertir de ses approches. Hélas ! le glaive suspendu sur sa tête, invisible pour tous les autres, n'étoit aperçu que par elle ; et cet aspect, sans augmenter ses frayeurs, augmenta sa fidélité. Quoique sa vie du Carmel, et même de la Cour, eût été une préparation continuelle à la mort, à mesure que l'instant fatal s'avançoit, elle s'y disposa plus sérieusement encore par un redoublement de ferveur. Telle que l'astre du jour, qui n'est jamais plus majestueux que lorsqu'il est près d'achever sa course ; jamais LOUISE ne parut élevée à un degré de sainteté plus éminent, ne fut plus remplie de Dieu et plus dépouillée d'elle-même, que durant les deux dernières années qui terminèrent sa carrière. Les témoins de ses vertus ne soupçonnoient pas qu'elles pussent être susceptibles d'accroissement. Mais plus on est placé sur les hauteurs, plus on découvre de nouvelles régions à parcourir. *Dieu*, disoit cette grande ame à une pieuse confidente, *Dieu est terrible dans les sacrifices qu'il exige ; plus on écoute sa voix, plus il demande. Il*

E iv

m'a fallu tout immoler sans réserve. Le croiriez-vous ? je n'ose pas même me procurer la consolation de penser au feu Roi.

Ainsi, si l'on compte les années de son âge, LOUISE n'a vécu qu'un demi-siècle ; mais si les jours de ses mérites pouvoient être soumis au calcul, nous trouverions qu'elle a vécu des siècles entiers, et que la longue vieillesse des Patriarches n'a pas égalé la sienne (a). Il étoit temps que le rémunérateur suprême couronnât de si héroïques vertus ; cette foi ferme et active, la vie du juste, et qui fut l'ame de toute sa conduite ; cette piété éclairée, dont la base étoit une fidélité parfaite à tous ses devoirs de Chrétienne et de Carmélite ; piété qui, plus solide que tendre, suivoit toujours dans sa marche l'impulsion de l'obéissance, ennoblissoit les petites choses par de grands motifs, dans sa sévère exactitude joignoit l'esprit à la lettre, ne fit entrer dans son

──────────

(a) *Explevit tempora multa.* Sap. 4.

plan que les pratiques autorisées par
l'Eglise, et se permit quelquefois les
pieux excès de la ferveur, sans donner jamais dans les travers de la super-
stition ; cet amour pour Jésus-Christ,
qui, l'enchaînant aux pieds des autels
plusieurs heures entières du jour et
même de la nuit, doit la faire compter
parmi les plus saintes amantes du Sauveur ; cette délicatesse d'une conscience
très-timorée, mais non scrupuleuse,
parce que, dans ses doutes, elle savoit
consulter et obéir. Que dirai-je de
cette égalité d'humeur, qui, inaltérable
malgré l'opposition des caractères, les
contradictions fréquentes, et au milieu
des événemens les plus désastreux,
prouve combien dans ce grand cœur
les passions étoient soumises et morti-
fiées ? de cette abnégation continuelle,
qui, vivant de sacrifices, faisoit à l'a-
mour-propre une guerre implacable ?
de cette soif des souffrances qu'elle
avoit héritée de la Réformatrice du
Carmel ? *Ou souffrir ou mourir*, s'écrioit

Thérèse d'Avila. La Thérèse de la France auroit pu prendre pour devise : Sans cesse souffrir, pour mourir sans cesse. Je meurs tous les jours, disoit l'Apôtre; *Quotidie morior.* Et moi, auroit pu dire notre héroïne, je meurs à chaque instant du jour. La victime en effet ne sembloit renaître encore, que pour être encore immolée ; et n'échappoit aux coups de la mort, que pour tomber sous le glaive de la pénitence.

LOUISE étoit donc un fruit mûr pour le Ciel. Faut-il être surpris que le Ciel l'ait redemandée à la terre; que le juge équitable, qui proportionne la récompense au mérite, se soit hâté d'accumuler sur sa tête les plus belles couronnes, et qu'il ait ordonné à la mort d'abréger le temps de ses épreuves? *Dominus abstulit.*

Qui pourroit dire tout ce qu'elle a souffert, et combien ses peines ont été vives et multipliées? LOUISE aimoit l'État, comme un particulier aime sa

famille : et depuis qu'elle sait réflé-
chir, elle l'a vu presque toujours agité
par des guerres étrangères ou des
dissentions intestines, par des prétentions orgueilleuses et de grandes rivalités. Des opinions hardies; des in-
novations dangereuses, accréditées;
un luxe dévastateur, fléau des Empires;
dont il présage et amène la chute, se
signalant tous les jours par de nouveaux ravages ; l'esprit national ;
dénaturé et dégénéré; l'honneur, la
loyauté, la fidélité, le désintéressement,
antiques et brillantes idoles de la
France, relégués avec les vieux préjugés et ces armures rouillées qui ne
sont presque plus d'usage; les mœurs,
plus fortes que les lois, au plus haut
degré de dépravation ; un peuple fait
pour donner le ton à l'Europe, devenu
l'imitateur servile d'une nation re-
muante, chez laquelle l'amour excessif de la liberté a produit tant de révolutions et d'orages ; l'anglomanie,
l'égoïsme, le philosophisme, mots

nouvellement créés, et devenus nécessaires pour exprimer nos travers
nouveaux : quel point de vue pour
un cœur citoyen, pour le cœur de
LOUISE !

Chrétienne et Catholique, elle avoit
sucé avec le lait l'amour de la religion,
s'étoit immolée à sa gloire : et elle a
vu des essaims nombreux d'apostats
abandonner lâchement ses étendards ;
une fatale indifférence, pire, en un
sens, que le fanatisme des sectes, con-
jurer sa ruine ; l'incrédulité levant sa
tête altière, enchaînant à son char ceux
mêmes qui sont le plus intéressés à la
combattre et à la terrasser. Des nuages
menaçans, et toujours plus amoncelés,
lui font prévoir un avenir plus triste
encore. Le grand-prêtre Héli tombant
de son tribunal, et expirant de regret
quand il apprend que l'Arche du Seigneur est devenue la proie des Philis-
tins ; le législateur des Hébreux, qui,
voyant le peuple choisi adorer en ido-
lâtre les dieux de métal qu'il s'est faits,

invoque la mort, et ne veut pas survivre
à la honte d'Israël, peuvent par l'excès
de leur douleur, nous donner une idée
du sentiment douloureux qui affectoit
LOUISE, toutes les fois que le bruit
d'un grand scandale, d'un éclatant
triomphe pour l'impiété, de quelque
nouvel attentat contre la foi antique,
venoit à retentir dans sa solitude.

Et remarquez, je vous prie, que
dans la solitude les peines affectent
bien plus que dans le monde. Ici, des
distractions sans cesse renaissantes, les
affaires, les plaisirs, les fêtes, les attachemens, font diversion à la douleur, qui peu à peu s'atténue et s'éva-
pore. Là au contraire, l'ame, plus recueillie, toujours vis-à-vis d'elle-même
et de ses inquiétudes, sent plus vivement, parce que sa sensibilité est moins
partagée. Ingénieuse à se tourmenter,
quelquefois elle réalise des malheurs
imaginaires ; s'exagère les malheurs
réels ; voit les maux, et n'aperçoit pas
les remèdes ; et croit tout désespéré

dans l'Etat et dans l'Eglise, lorsque de grandes ressources et d'heureuses révolutions, sont près de tout régénérer.

Ajouterai-je tout ce que cette Princesse compatissante a trouvé d'obstacles dans l'exercice de sa charité? Sa réputation de bienfaisance chrétienne étoit si bien établie, que les malheureux de toutes les contrées réclamoient ses secours généreux. Les calamités humaines s'offroient en foule au cœur attendri de LOUISE. Mais comment les soulager? Sa charité n'a point de bornes; mais ses moyens sont-ils illimités? Le crédit le mieux fondé, les ressources les plus fécondes s'épuisent. Quand le plaisir de faire des heureux est devenu la grande passion d'une ame et son premier besoin, qu'il est dur de voir couler des larmes, et de ne pouvoir pas les essuyer!

Ajouterai-je tout ce que la délicatesse exquise de ses sentimens a fait souffrir à ce bon cœur? Madame LOUISE avoit renoncé à tout; son

dépouillement avoit été aussi total que
solennel. Et certes, loin d'ambition-
ner les hommages et de chercher à
se composer une Cour, elle se montroit prodigue de soins, d'attentions,
de prévenances pour les autres, et n'as-
piroit qu'à faire oublier ce qu'elle avoit
été. Mais cependant elle ne pouvoit
ignorer ce que son nom, ses bienfaits,
son mépris même de la grandeur exigeoient de reconnoissance et d'égards :
et si les personnes à qui elle devoit
être si chère, eussent été capables de
laisser voir dans leurs procédés les
symptômes de l'ingratitude ou les distractions de l'indifférence ; si en faisant les frais de l'amitié, elle n'en eût
pas éprouvé les retours ; si, faite pour
répandre les graces plus encore que
pour les solliciter, les dépositaires de
l'Autorité n'eussent pas accueilli les
supplications qu'elle leur adressoit au
nom de l'infortune, elle auroit sans
doute renfermé entre Dieu seul et elle
ces sujets de plainte ; mais elle n'eût pas

moins senti combien ils étoient légitimes et fondés. Trouvez-vous là une sensibilité trop exaltée, et quelque chose de trop humain ? pour moi j'y découvre la matière des plus beaux sacrifices. Après tout, si le coin de l'humanité s'y laissoit apercevoir, ma foiblesse en seroit consolée. Il faut bien que dans cette suite de prodiges que l'histoire des Saints nous présente, notre admiration trouve quelque endroit où elle puisse se reposer. Du reste, quand même quelques traits moins louables rapprocheroient un peu de nous ces héros de la sainteté, l'ensemble de leur vie nous en laisseroit toujours à une distance infinie, et n'auroit que trop de quoi nous humilier.

Combien d'autres sources de tristesse ont inondé de leurs flots amers l'ame sensible de LOUISE ! Mais *ne sondons pas plus long-temps ce qui s'est passé entre Dieu et elle*, dirai-je ici, en lui appliquant ce qu'un célèbre orateur

teur (*a*) du dernier siècle disoit de Marie-Thérèse d'Autriche dans son Eloge funèbre ; *Les gémissemens de la colombe doivent étre laissés à la solitude et au silence à qui elle les a confiés. Il y a des croix dont le sort est de demeurer cachées à l'ombre de celle de Jesus-Christ.*

A présent demandez-vous pourquoi le Seigneur a ravi sitôt à nos vœux cette sainte Princesse ? je vous répondrai : C'est pour abréger le temps de ses épreuves ; pour la délivrer des peines de tous les genres qui étoient venues fondre sur cette grande victime, et pour lui épargner celles qu'un avenir plus triste lui offroit. Le glaive qui coupe le fil de ses jours a donc été dirigé par une miséricordieuse Providence : *Dominus abstulit.* Ainsi, quoiqu'il en coûte à notre sensibilité, hâtons-nous de montrer LOUISE sur le lit de mort, et de recueillir les traits édifians qui con-

(*a*) Fléchier.

F

sacrèrent le dernier acte d'une si belle
vie (25).

Quel empressement elle témoigne
pour recevoir les secours que la Religion procure aux mourans ! Quelle
sainte inquiétude jusqu'à ce que le pain
des Anges, qui, depuis son entrée au
Carmel, fut sa nourriture de tous les
jours, soit devenu sa force, son *via-
tique* dans le passage du temps à l'éternité ! Venez, ô mon Jésus ! ne tardez
pas, ô le divin époux de mon ame,
répète-t-elle plusieurs fois, mais avec
un sentiment d'amour que je ne sau-
rais exprimer. Le Ministre, égaré par
sa douleur, se trouble dans ses fonctions redoutables ; elle l'encourage et
le redresse. Ses filles consternées fon-
dent en larmes, elle les console : *Pourquoi pleurer, et vous affliger ? Confiez-
vous en Dieu. Il aura soin de vous.
J'espère vous revoir toutes où je vais.*
Oubliant ses propres maux, elle s'occupe encore de leurs besoins spirituels;
et des avis relatifs à leurs dispositions

diverses, et donnés avec une présence d'esprit admirable, sont le testament de son zèle. *Je vous ai toujours*, ajoute-t-elle, *regardées et aimées comme mes amies, mes compagnes, mes sœurs et mes mères.* Ame bonne et généreuse, cette touchante protestation n'étoit pas nécessaire! Vos sentimens pouvoient-ils être suspects à quelqu'une de vos filles? et des preuves non interrompues d'affection pour chacune d'elles, dix-huit années d'une vie consacrée au bonheur de toutes, ne les avoient-elles pas assez convaincues de la sincérité et de l'universalité de votre attachement? Oh! je ne suis pas surpris des sanglots qu'elles poussent. Un aveu si flatteur, fait par une grande Princesse, dans le moment où la verité seule parle, auroit attendri des cœurs de bronze : Quelle impression dut-il laisser dans des cœurs si tendres et si reconnoissans ! Humble jusqu'au dernier moment, et injuste envers elle seule, la plus exacte observatrice de

F ij

la Règle se reproche ses irrégularités et sa paresse, dont-elle demande publiquement pardon. La vertu des belles ames, la reconnoissance, vit encore dans les cœurs défaillans. LOUISE cherche à satisfaire la sienne par un don pieux fait à celles qui l'ont servie dans ses infirmités, mais à condition que l'Autorité, qui lui survivra, ratifiera ce don. *Car à Dieu ne plaise*, dit-elle, *que je meure propriétaire!* Elle avoit vécu pauvre, et dans le plus entier dénuement; elle meurt pauvre. Quelques images de Jésus-Christ et des Saints, où la piété respire, mais où l'on chercheroit en vain des chefs-d'œuvre de l'art; des armes de la mortification chrétienne, teintes de son sang; une couronne hérissée d'épines aiguës, qu'elle enfonçoit de temps en temps dans sa tête, et qu'elle préféroit aux couronnes de la terre les plus brillantes; voilà toute la dépouille de LOUISE DE FRANCE. Elle n'a rien autre à donner. Je me trompe: après avoir

chargé le dépositaire de ses dernières
volontés, d'exprimer à ses augustes
sœurs tout ce que le cœur le mieux
fait peut sentir dans ce moment pour
des proches si chers et si respectables,
elle leur lègue son zèle pour les intérêts du Carmel. Elle auroit pu léguer
au Carmel lui-même, et à toutes les
tribus religieuses, aux habitans de la
ville et de la Cour, les grands exemples de sa vie céleste. Elle s'aperçoit
que le *crucifix* sur lequel elle colle
ses lèvres, est celui-là même qu'elle
avoit envoyé à Louis XV mourant;
Donnez-m'en un autre, dit-elle aussi-
tôt; *il y auroit peut-être quelque chose
de trop humain à me servir de celui-ci.*
Quelle sérénité sur le front de cette
illustre mourante! Tout laisse paroître
au-dehors la paix dont elle jouit, la
douce confiance qui l'anime. *Je n'aurois pas cru qu'il fût si doux de mourir!*
Elle peut bien dire comme David:
Seigneur, vous avez changé mes larmes
en cris d'alégresse; vous avez brisé le

F iij

sac qui me couvroit; et vous m'avez
revêtu de joie (*a*). Sa dernière parole
fait entendre combien il lui tarde de
quitter la terre. Pleine d'une sainte impatience, elle se hâte, et semble avec
la rapidité de l'éclair diriger son vol
vers les demeures célestes. Ame sublime! au lieu d'un char de feu tel que
celui d'Elie, sur les ailes de l'amour
divin, prends ton essor vers le séjour
des bienheureux. Portes éternelles, ou-
vrez-vous! que les Jean-de-la-Croix,
les Thérèse, et toutes ces mères véné-
rables qui ont illustré le Carmel par
leurs vertus; que le martyr de l'innocence et de l'amour pénitent, ce Gonzague (26) auquel elle étoit si tendre-
ment dévouée; que les Clotilde, les
Bathilde, les Radegonde; que Louis IX,
et tous les princes qui dans l'empire
des lis ont su concilier le sceptre et
la croix, s'empressent à porter LOUISE
sur le trône de lumière qu'elle a si bien
mérité!

(*a*) Ps. 27. 12.

Approchez de ce lit funèbre, ou plutôt de ce théâtre de gloire, censeurs téméraires qui blâmiez son renoncement aux plaisirs et aux grandeurs ; approchez et soyez confondus. Une si belle mort est la récompense et l'apologie de sa vie. Je puis contester aux grands du monde leur prétendu bonheur, et mettre en problême si la vie de la Cour a des douceurs réelles ; mais qui pourra nier qu'il ne soit doux et très-doux de mourir au Carmel, et de la mort de LOUISE ?

Tandis qu'une mort si sainte, occasionne (nous osons le présumer de la miséricorde divine), occasionne dans le ciel une fête solennelle, les partisans de cette héroïne chrétienne sont surpris que la terre y prenne si peu de part. Où est, disent-ils, ce concours de grands de tous les Ordres, d'hommes célèbres qui par leur présence aient relevé la pompe de ses funérailles ? Il est vrai, LOUISE meurt presqu'oubliée des courtisans ; et je ne le dissimulerai

F iv

pas, puisque cet oubli tourne à sa gloire. Si, briguant la faveur, elle eût cherché à les rapprocher d'elle par des menées ambitieuses, ou à se rapprocher d'eux par sa façon de penser ; si ses principes et sa conduite n'eussent pas contrasté avec les mœurs du monde incrédule et pervers ; sans doute que sa mort eût été mise au nombre de ces événemens importans, qui fixent l'attention publique et excitent le plus grand intérêt. Mais ce silence de la renommée n'est-il pas le plus bel éloge de celle que nous pleurons ? C'est parce que Madame LOUISE n'étoit, et ne vouloit être, que Thérèse de Saint-Augustin, c'est parce que renfermée dans les devoirs obscurs de sa profession, et refusant de jouer un rôle brillant, elle étoit totalement morte au monde, que ce monde, qui n'étoit pas digne de l'apprécier, l'a vue avec une sorte d'indifférence disparoître de la terre. Isaïe l'avoit déja dit : *Le juste périt, et personne n'y fait refléxion en lui-*

même (*a*). Partisans de sa gloire, ne vous plaignez donc pas de cet oubli, expié d'ailleurs par les larmes et les regrets de toutes les ames vertueuses.

Peut-être auriez-vous désiré que sa cendre fût placée avec honneur dans ces mausolées où gît la cendre des augustes aïeux dont elle descend. Mais y transporter sa dépouille mortelle, c'eût été contrarier le vœu de son cœur. Ses ossemens, humiliés, en quelque sorte, par le modeste sépulcre où ils reposent, y tressailleront de la joie la plus vive (*b*). Eh! croyez-vous que cette grande ame, qui regardoit comme une vile boue tout ce qui n'est pas marqué au sceau de l'Eternité, n'ait pas préféré l'avantage d'être inhumée avec les épouses de Jésus-Christ, à l'honneur de dormir dans la même poussière que les maîtres du monde? Croyez-vous qu'au moment de la résurrection générale, lorsque la

(*a*) *Justus perit et non est, qui recogitet in corde suo.* Is. 57. 1.

(*b*) *Exultabunt offa humiliata.* Ps. 80.

trompette fatale ouvrira tous les monu-
mens, il soit moins glorieux pour LOUISE
de sortir de ces catacombes où rési-
dent les restes vénérés des martyrs du
Carmel, que de quitter ces demeures
souterraines, où, placé dans l'assemblée des Rois, l'Ange de la mort semble
être *le Dieu qui juge les Dieux de la
terre* ?

Ah! si, le jour de ses funérailles, sa
cendre, déja froide, avoit pu se ranimer, combien elle eût été sensible aux
devoirs religieux que vous lui rendîtes,
sage et pieux Pontife (27), qui aviez
remplacé l'immortel *Beaumont* dans le
cœur de cette Princesse, comme sur le
siége de la Capitale! C'étoit à des Prélats illustres, à des Pasteurs zélés, à des
Cénobites respectables, aux Prêtres,
aux Lévites, qui sont la gloire ou l'espérance du Sacerdoce, aux ames d'é-
lite que Dieu se réserve jusqu'au milieu
du monde profane, à faire les honneurs
de la sépulture d'une des plus illustres
héroïnes de la sainteté. Quel cortége

plus digne d'environner son tombeau, que ce peuple d'hommes vertueux! L'air morne, l'œil baissé, ils se demandoient intérieurement : Comment nous a été ravie celle qui, par son zèle et ses grands exemples, faisoit la gloire d'Israël (a)? Le sang de l'Agneau qui ne cessoit de couler sur l'autel; les chants funèbres, interrompus par les sanglots des filles de Sion qui pleuroient leur mère, leur amie, leur modèle, leur bienfaitrice; tant de démonstrations d'une douleur plus ou moins muette, mais sincère et profonde, rendoient ses obsèques plus imposantes dans leur religieuse simplicité, qu'elles n'auroient pu l'être par la royale pompe des plus majestueuses funérailles.

Mais qu'entends-je? Si, dans la mort que nous déplorons, des traits frappans d'une miséricordieuse Providence éclatent sur LOUISE; de son tombeau, s'élève

_____

(a) *Quomodo cecidit ?* MACH. 21.

aussi, contre nous, un cri terrible de la justice divine.

Quoi qu'en disent les détracteurs de la sainteté, la mort d'un juste, de ceux sur-tout dont les exemples plus imposans accréditoient la vertu et lui donnoient plus d'éclat, est une des plus grandes calamités qui puissent affliger le monde. Eh! que sont les autres pertes, en comparaison de celle-là? Qu'ont fait pour la prospérité des Peuples la plupart de ces hommes à grands talens, tant exaltés par la renommée? Qu'ont fait ces guerriers illustres? Teints du sang de leurs semblables, plus ils ont étendu leurs conquêtes, plus ils ont porté au loin le ravage et la désolation : ces politiques fameux? habiles dans l'art de semer le trouble, de rompre des traités solennels, d'armer les Puissances les unes contre les autres, en bannissant la paix, ils ont exilé le bonheur. Qu'ont fait ces Princes immortalisés dans les fastes de l'histoire? Quelques-uns n'achetèrent le nom de grand

que par de grandes usurpations et de
grands crimes. Ces modérateurs célèbres des Empires ? Ils tarirent les sources de l'opulence publique, qu'ils se
vantoient de grossir ; et loin de fécon-
der, de régénérer les Etats, ils les frap-
pèrent d'une honteuse stérilité. Qu'ont
fait ces philosophes fameux, ces génies
créateurs ? Sur les ruines des systêmes
anciens, ils en élevèrent de nouveaux,
que le temps et l'expérience feront
crouler à leur tour. Ils ont dit : Que la
lumière soit faite, et des ténèbres plus
épaisses ont couvert la face de l'abîme.
Si le monde doit, à ces précepteurs du
genre humain, des vérités utiles, plusieurs d'entre eux, par leurs écrits in-
cendiaires, n'ont-ils pas déchaîné sur la
terre, le plus terrible des fléaux, les
passions ? Et voilà les hommes qu'on
pleure, qu'on célèbre, qu'on couronne,
dont le tombeau est surchargé de fleurs,
comme si leur existence n'avoit pas été
un malheur public, et leur mort un
bienfait de la Providence ! Héros, hé-

roïnes de la vertu, c'est vous que Dieu enlève à la terre lorsqu'il veut se venger et la punir. Et pour ne parler ici que de la Sainte qui nous occupe, (car nous pouvons bien déja lui donner un nom acheté par de si grands sacrifices), en la perdant, que n'a pas perdu la Religion, et par conséquent l'Etat? Quelle puissante médiatrice auprès du Très-Haut! Quel exemple plus propre à instruire, à confondre, à réformer notre siècle? Dans un siècle de faste, de profusions ruineuses, où le luxe crée tous les jours, pour les enfans de la fortune, des besoins factices et nouveaux, qu'il étoit beau de voir une grande Princesse chérir un état de dénuement qui ne satisfait pas toujours aux besoins les plus réels! dans un siècle d'ambition et d'intrigue, de la voir descendre du faîte des grandeurs, s'humilier, s'anéantir! dans un siècle de mollesse et de mœurs efféminées, livrer à des travaux pénibles un corps délicat et foible, qui plioit, chanceloit

sous leur poids accablant ; souffrir la
privation d'un sommeil appelé par de
grandes fatigues ; souffrir le chaud, le
froid le plus rigoureux ; souffrir la faim,
oui, le tourment de la faim (27), je
n'exagère pas ! dans un siècle de pyrrho-
nisme, où l'on trouve tant d'esprits forts
qui ne croient rien, et si peu de vrais
fidèles qui croient tout, qu'il étoit
consolant, pour l'Eglise, de la voir se
distinguer par une croyance aussi étendue que le domaine de la foi ! Où ne
m'entraîneroient pas ce parallèle et ces
contrastes, si j'en suivois tous les détails ?

Mais ce grand spectacle d'édification,
cet exemple si frappant donné par
LOUISE, moyen de salut presque unique en son genre, a-t-il opéré l'heureuse révolution qu'il devoit produire ?
Hélas ! loin d'imiter ses vertus, n'a-t-on
pas été assez irréligieux pour en faire
l'objet d'un mépris sacrilége ; assez
absurde et atroce, pour les dénaturer
et les calomnier ? Que de nuages ré-
pandus sur ses actions les plus loua-

bles ! Son dévouement héroïque, sa retraite de la Cour, son zèle, rien n'a échappé à l'injustice des censures. Le croiroit-on ? dans ces jours d'humanité et de bienfaisance, l'on n'a pas même pardonné à la compatissante LOUISE, d'exercer sa charité (28), d'avoir quelquefois osé protéger le vrai mérite, et fait entendre aux pieds du trône la voix de l'indigence et du malheur ! Le monde n'étoit donc pas plus digne d'elle, que de ces héros de la foi, dont l'Apôtre vantoit aux Hébreux la constance (a) ; ses mœurs pures et austères étoient trop déplacées, dans un siècle tel que le nôtre ; et l'on peut s'étonner que le vengeur de l'innocence ne l'ait pas plutôt tirée du milieu des iniquités. Mais enfin, le coup vient d'être frappé par la justice divine, et LOUISE n'est plus. Que dis-je ? Elle reparoîtra au dernier jour ; et les contempteurs de ses sacrifices verront la fille du Roi

---

(a) *Quibus dignus non erat mundus.* Heb. 11.

s'élever

s'élever en jugement contre eux, ainsi que la Reine du midi (a). A la dépravation des Cours et du grand monde, Dieu opposera LOUISE DE FRANCE, et sa vie de Versailles. Aux désordres du sanctuaire, au relâchement des cloîtres, Dieu opposera THÉRÈSE DE SAINT-AUGUSTIN, et sa vie du Carmel.

LOUISE n'est plus! filles de Sion, ames pieuses, quel que soit votre état, Grands de la ville et de la Cour, voilà un vide immense que sa mort laisse dans la terre des Saints, une grande place vacante dans l'Empire de Jésus-Christ. Qui de vous sera assez courageux pour remplir ce vide, pour occuper cette place, et recueillir cet héritage de gloire et de vertu? Qui de vous nous rendra LOUISE, et sa piété magnanime? Je sais qu'il est des caractères originaux qu'il est impossible d'exprimer par une imitation fidèle. Il s'écoulera peut-être

---

(b) *Surget in judicio.* MATH. 12.

G

une longue suite de siècles, avant que l'univers voie renaître une autre Louise. Mais sans reproduire l'héroïsme de sa vertu, avec ses étonnans sacrifices et tous ses brillans accessoires, ne peut-on pas en copier quelques traits? Tous ne sont pas appelés à cueillir les palmes sanglantes qu'elle a moissonnées sur le Carmel, mais tous doivent être solitaires dans le monde, humbles dans l'élévation, pauvres de cœur dans l'opulence, chastes et crucifiés au sein de la mollesse. C'est sur-tout pour les élus du monde, qu'a été prononcé cet oracle évangélique, qui fit une impression si profonde sur Louise, et détermina son sacrifice, *Vous périrez tous, si vous ne faites tous pénitence* (a). Par cette maxime si peu goûtée des heureux du siècle, mais si chère à notre sainte Princesse, terminons son éloge, trop long sans doute dans

_____

(a) Marc. 13. 3.

ma bouche, mais trop court pour un sujet aussi fécond.

Prêtre (a) du Dieu vivant, remontez à l'autel pour y achever la célébration de nos mystères sanctifians ; et quoique nous ayons droit d'espérer que la miséricorde divine aura déja introduit dans les tabernacles éternels cette ame pure et céleste, offrez pour elle le sacrifice d'expiation. Faites couler le sang de l'Agneau, pour l'illustre vierge qui a suivi cet Agneau sans tache par-tout où il est allé. Immolez la victime sainte pour celle dont le corps, le cœur, l'esprit, toute la personne royale fut une hostie vivante, un holocauste offert au Roi des Rois. Pour nous, vivement touchés de la perte irréparable que viennent de faire la France, les malheureux, la Religion, le Carmel et notre siècle, adorons humblement les décrets d'une Providence miséricordieuse et

(a) M. l'abbé de Rigaud, officiant.

G ij

sévère, et disons : Le Seigneur nous avoit donné cette héroïne chrétienne ; le Seigneur l'a ravie à nos vœux : que son nom soit béni dans le temps et dans l'éternité !

F I N.

NOTES.

QUAND on m'eut chargé de l'Eloge funèbre de Madame LOUISE, je m'adressai à une Carmélite de Saint-Denis, ancienne Prieure, dont la plume, exercée autant qu'elle peut l'être au Carmel, feroit honneur à nos bons Ecrivains, pour qu'elle me communiquât quelques traits de notre héroïne, plus saillans que ceux que je connoissois déja, et qui pussent rompre la monotonie des faits obscurs, des vertus monastiques que notre siècle dédaigne, et dont le récit endort. Voici la réponse, pleine d'un grand sens, que me fit cette Carmélite respectable : « Quels traits pourrois-je vous citer ? Le plus « beau, c'est la vie unie qu'a menée Madame « LOUISE. C'est véritablement le plus grand éloge « qu'on puisse faire de cette Princesse. Dans le « monde il faut des actions d'éclat pour faire « connoître les Saints. Dans le cloître, il faut « s'assujettir aux plus communes, et les faire « avec des motifs qui les relèvent aux yeux de « Dieu, mais en nous cachant à ceux des hom- « mes. Voilà ce qu'a fait Madame LOUISE tout « le temps que nous avons eu le bonheur de la « posséder, et c'est ce que j'appelle le miracle « de sa vie. »

Nous avons donc travaillé sur ce plan ; et plus d'une fois j'ai regretté de n'avoir pu faire entrer dans l'éloge de cette Princesse une foule de petits traits intéressans , qui peignent mieux le héros ou l'héroïne qu'on loue , qui rendent mieux la physionomie de l'ame , que toutes les phrases à prétention des plus pompeuses oraisons funèbres. C'est-là qu'on voit mieux la vertu , parce qu'elle se montre , pour ainsi dire , dans son déshabillé. Mais la dignité des discours d'appareil repousse ces détails ; et , malgré eux , les orateurs sont esclaves de l'usage , sauf à suppléer par des notes un peu étoffées , ce qu'on n'a pas osé insérer dans le corps du discours. Qui sait même si certains faits que nous avons relégués dans les notes , ne paroîtront pas encore trop minutieux aux amateurs du grand genre ? Ce qui nous rassure , c'est qu'il n'y aura guère que les ames religieuses qui s'occuperont de cet écrit ; et celles-ci ne se rebutent pas de détails propres à nourrir leur piété. L'on se rappellera toujours , en nous lisant , que ce n'est point d'un homme d'Etat , d'un général d'armée , d'un écrivain philosophe , ni d'une de ces femmes célèbres qui , par leur position , ont influé sur la chose publique , que nous avions à faire l'Eloge , mais d'une princesse qui a fui l'éclat et la Cour , et qui , en conséquence du sacrifice

qu'elle a fait, n'a voulu et dû être que la sœur
Thérèse de Saint-Augustin.

(1) La vénérable sœur Marie de l'Incarnation, née l'an 1565, étoit fille de Nicolas Avril-
lot, seigneur de Champlâtreux, et de demoi-
selle l'Huillier, tous deux d'une noble et ancienne
famille. A dix-huit ans elle épousa M. Acarie,
maître de la Chambre des Comptes de Paris.
Aussi connue dans cette Capitale que Judith
l'étoit à Béthulie, la réputation de sa piété la
rendit l'oracle des gens de bien. Henri IV l'estimoit beaucoup, et lui envoyoit une partie de
l'argent qu'il gagnoit au jeu, pour qu'elle l'em-
ployât en bonnes œuvres. C'est de cette femme
pieuse que Dieu se servit pour introduire les
Carmélites en France. Par ses soins, six Religieuses de cet Ordre vinrent d'Espagne à Paris.
Elles allèrent d'abord loger à Montmartre, puis
à Saint-Denis, en attendant qu'on eût préparé
à leurs usages la maison de Notre-Dame-des-
Vertus, que mademoiselle de Longueville avoit
obtenue du cardinal de Joyeuse et des Bénédic-
tins de Marmoutier. Ce monastère, situé dans
la rue Saint-Jacques, fut le premier établissement
qu'eut le Carmel en France. Trois mois après,
en 1605, madame *Acarie* amena à *Pontoise* les
mères Anne de Jésus, Anne de Saint-Barthelemi,

et trois autres qui établirent le monastère fondé
dans cette ville. Après quelques autres fondations,
cette femme humble autant que zélée, devenue
veuve, demanda à entrer dans l'Ordre en qualité de sœur converse. Elle prit l'habit à Amiens.
Transférée dans la suite à Pontoise, elle y mourut en odeur de sainteté, l'an 1618. Ceux qui
seront curieux de plus grands détails sur madame
Acarie, dite en religion, Marie de l'Incarnation,
pourront consulter l'histoire de sa vie, composée
par M. André Duval (M. l'abbé de Montis vient
d'en donner une autre au public), et les dépositions faites par la sœur de Marillac, fille du
Garde-des-sceaux du ce nom, et morte à Pontoise. Dans l'église des Carmélites de cette
ville, on voit un superbe mausolée en marbre,
que Marie de Médicis fit élever à la mère Marie
de l'Incarnation. Cette reine n'oublia rien pour
que le Saint Siège s'occupât sérieusement du
procès de sa béatification. La cause de la Vénérable, qui pendant plus de cent ans avoit été
suspendue, fut recommandée par les Carmélites de Pontoise à Madame LOUISE, qui s'en
rendit la protectrice : je pourrois citer ici la lettre
que cette Princesse écrivit à ce sujet au souve-
rain pontife, et le Bref honorable que le Saint
Père lui adressa en réponse. Cette affaire lui
donna des relations particulières avec les car-

...linaux de Bernis et Borromée. Depuis la mort de Madame LOUISE, le cardinal de Bernis, dont le nom fait augurer un succès favorable, s'est déclaré patron de cette cause, et l'on espère que dans peu, la vénérable Marie de l'Incarnation sera placée sur les autels avec la mère Madeleine de Saint-Joseph, aussi Carmélite, et sa cousine.

(2) Madame LOUISE, née en 1737, n'avoit que onze mois lorsqu'elle arriva à *Fontevrault*. L'éducation de cette Princesse fut confiée à Madame de *Soulange*, alors religieuse de cette abbaye. L'on ne pouvoit pas la mettre en de meilleures mains. Madame de Soulange cultiva avec le plus grand soin les dispositions heureuses qu'elle trouva dans son auguste élève ; et c'est elle-même qui a pris la peine de nous envoyer ces détails sur l'enfance de Madame LOUISE. D'après son témoignage, cette jeune enfant avoit l'esprit vif et pénétrant, s'apercevoit de tout, sans paroître rien voir, saisissoit très-promptement le caractère et les ridicules. La voyant portée à la plaisanterie, Madame de Soulange lui fit sentir que la raillerie a quelque chose de bien cruel, sur-tout dans les Grands, et elle ne tarda pas à se corriger de ce défaut. Elle n'auroit pas été indifférente sur la figure et la

parure. La zélée institutrice lui montra le danger de ces goûts naissans , et ses avis furent
efficaces. Dès ses premières années elle eut hor-
reur de la flatterie , et ne pouvoit souffrir ces
ames rampantes qui s'insinuent dans le cœur des
Grands à force de bassesses. Sa prudence admirable s'est montrée dès l'âge de huit ans. On
ne lui entendit jamais répéter un mot qui pût
nuire ou être désagréable à quelqu'un. Cette
Princesse étoit d'un caractère solide , et n'a
jamais changé de sentimens pour ceux et celles
qu'elle avoit honorés de son amitié. Bonne et
pleine de reconnoissance , « Je l'ai vue , écrit
« Madame de Soulange , reciter pendant un an
« entier l'office de la Providence , pour remer-
« cier Dieu de m'avoir guérie d'une maladie.
« Le Clergé ayant fait saisir les biens de l'ab-
« baye de Fontevrault , pour des décimes qui
« n'avoient pas été payées , elle m'apporta tous
« ses bijoux , en disant : Il faut vendre tout cela
« pour aider la maison. . . . En tout , sa bourse
« étoit toujours ouverte aux malheureux ,
« elle donnoit souvent en cachette , et elle-
« même , pour éviter aux personnes honnêtes
« qu'elle assistoit , la honte de recevoir ses bien-
« faits d'une main étrangère ». Pieuse dès sa
plus tendre enfance , elle disoit un jour à son
institutrice avec une naïveté charmante : *Je*

donne tous les jours mon cœur à Dieu , et il ne me donne jamais rien. La sage réponse qui lui fut faite, la rendit attentive aux bienfaits du Seigneur, et pénétra son ame d'une juste reconnoissance. En traçant le portrait de son élève, Madame de Soulange fait observer encore, que naturellement portée à la délicatesse, toutes les petites recherches de l'amour-propre sur les aises et les commodités de la vie, eussent été de son goût; et qu'elle se laissoit facilement abattre par la douleur. Qu'on juge , d'après cela, des victoires que cette grande ame a dû remporter sur elle-même !

Cette jeune Princesse revint à la Cour en 1750. Elle avoit alors quatorze ans. Le premier usage qu'elle fit de son crédit , fut un acte de reconnoissance envers son institutrice , pour qui elle obtint l'abbaye de *Royal-Lieu.* Sur le dangereux théâtre de la Cour , la piété de Madame Louise ne se démentit point ; solide et sans petitesse , elle se prêtoit à tout ce que son rang et son devoir exigeoient. Aussi , à ce qu'assure encore Madame de Soulange , la feue reine lui a dit plus d'une fois, en parlant de cette Princesse : *Je l'aime , mais je la respecte.* A ces suffrages si glorieux , ajoutons le témoignage bien favorable rendu à Madame Louise par une personne qui lui avoit été attachée avant son entrée au Carmel.

« Dès que sa raison s'est développée, elle
« a travaillé à rompre son humeur. Je la vis
« un jour à Versailles dans une circonstance qui
« pouvoit la contrarier beaucoup. Elle prit la
« chose avec une patience incroyable. Elle me
« regarda, et me demanda tout bas comment
« je la trouvois? je lui répondis qu'elle étoit
« admirable, et que Dieu récompenseroit ses
« vertus. *Oh!* me dit-elle, *je veux me vaincre*
« *en tout; mais ce ne sera pas sans peine.* »

Je voyageai dernièrement avec un ancien
serviteur de Madame LOUISE (M. Lafontaine),
qui l'avoit suivie en qualité de valet-de-chambre, depuis qu'elle avoit quitté Fontevrault jusqu'au moment où elle entra au Carmel. Charmé
de la rencontre, je l'interrogeai avec intérêt
sur sa respectable maîtresse. Le pauvre homme
ne tarissoit pas sur ses louanges, et pleuroit à
chaudes larmes, en me rappelant ses bontés
pour lui, pour sa femme et ses enfans. La naïveté de son récit et l'expression de sa reconnoissance m'enchantèrent. Je lui demandai si
Madame LOUISE ne laissoit pas voir quelquefois
un peu de hauteur. *Pas brin,* me répondit-il.
C'étoit la meilleure maîtresse du monde. Elle
ne m'a jamais montré de l'humeur que dans
deux occasions : j'en fus surpris, et long-temps

après, dans un voyage que je fis à Saint-Denis, je pris la liberté de lui en demander la raison. Oh ! me dit-elle, c'est que dans le moment où vous entrâtes dans mon appartement, je lisois la règle de sainte Thérese, et j'aurois été au désespoir qu'on m'eût surprise occupée de cette lecture. L'on a dit que le plus grand héros ne l'est point aux yeux de son valet-de-chambre. Le proverbe se trouve ici en défaut.

(3) Ce fut à la cérémonie de la prise d'habit de la comtesse de *Rupelmonde*, morte Carmélite, sous le nom de sœur Thaïs, dans le monastère de la rue de Grenelle, que Madame LOUISE se sentit vivement inspirée d'entrer au Carmel. Mais divers obstacles s'opposèrent long-tems à son généreux dessein ; entre autres un crachement de sang qui l'affligea quinze ans de suite. Comme l'attrait pour la vie religieuse étoit profondément enraciné dans son cœur, et qu'elle ne croyoit pas avoir assez de santé pour soutenir les austérités du Carmel, cette Princesse eut envie pendant quelque temps, et c'est elle-même qui m'a fait l'honneur de me dire cette anecdote, d'embrasser l'état de Visitandine. Ce qui l'en détourna, c'est l'éducation des pensionnaires, sorte d'emploi pour lequel elle ne se sentoit aucun goût, et qui sembloit d'ailleurs ne

pas lui convenir. Les obstacles qui traversoient son inclination pour le Carmel s'étant aplanis, sa vocation n'a jamais varié. Elle fut si frappée du sacrifice de madame de Rupelmonde , et du sermon que le Père de Neuville fit à cette occasion, que tout de suite elle alla voir madame d'Havré , alors sous-prieure à Grenelle , et lui fit tant de questions relatives à l'état de Carmélite , que la sous-prieure se douta bien du motif de sa curiosité. Mais qui auroit pu imaginer alors , qu'un désir si extraordinaire seroit rempli dans la suite , et couronné par les plus heureux succès? Aussi Madame Louise appeloit le monastère de Grenelle , le berceau de sa vocation, et conserva toujours une prédilection marquée pour cette maison respectable. La Providence destinoit cette Princesse au monastère de Saint-Denis, pour en être la restauratrice. C'est du ciel, et par une sorte de miracle, qu'il reçut cet inestimable présent. La communauté, pour empêcher la chute dont elle étoit menacée par son extrême indigence , s'engagea, par vœu, à faire tous les ans une neuvaine au Cœur de Marie , dans l'intention d'obtenir un sujet qui la mît en état de subsister. La première neuvaine commença le 8 février 1770 , et ce fut au neuvième jour que Madame Louise déclara sa vocation. Peu de mois après , c'est-à-dire , le onze avril de la même année, elle entra au Carmel de Saint-Denis.

Pour conserver la mémoire d'un événement qui paroît tenir du prodige, on a élevé, dans l'intérieur de cette maison, un oratoire en l'honneur du Cœur de Marie, orné d'un tableau de la plus riche composition. Ce tableau, haut de cinq pieds sur quatre et quelques pouces de large, représente une chapelle. Toute la capacité du milieu est remplie par un autel, à côté duquel sont peintes au naturel la mère Alexis, alors prieure, et la mère Eléonore, dépositaire. Un peu plus loin se voit un groupe de Carmélites, qui toutes ont les yeux fixés sur le Cœur de la sainte Vierge, placé au haut du tableau dans un ciel rayonnant. A côté, mais un peu plus bas, paroît sur un nuage éclatant l'Ange du Carmel, d'une expression fort touchante. Il montre d'une main, aux filles de Thérèse consternées, ce Cœur bienfaisant, tandis que de l'autre il leur découvre le trésor miraculeux dont le ciel devoit bientôt les favoriser : c'est Madame Louise de France, ornée de toute la pompe royale, qu'on voit à genoux sur un prié-Dieu richement paré, et qui paroît fort appliquée à lire un livre de piété. Cet oratoire, dont il seroit trop long de décrire tous les ornemens, est un morceau de sculpture et de peinture,

très-prisé par les connoisseurs. Elevé par le bon
goût autant que par les mains de la reconnoissance et de la piété, ce monument immorta-
lisera les sentimens du Carmel pour la sainte
Princesse qui y a donné lieu.

(4) Madame Louise, peinée des longs délais
mis à son entrée dans le Carmel, ne cessoit d'intéresser le ciel au succès de sa vocation. Dans
cette vue, elle fit une neuvaine à Sainte Thérese,
et composa elle-même, pour chacun des neuf
jours, une prière adressée à la célèbre réformatrice.
Cette suite de prières tendres, éloquentes, sublimes, est un morceau précieux; et je me fé-
licite d'être le premier à le donner au public.
Je le tiens de M. l'abbé Consolin, que Madame
Louise honoroit d'une confiance justement méritée; et qui, confesseur de cette Princesse en
l'absence de M. l'Abbé du Ternai, a eu le bonheur de l'assister dans ses derniers momens. Ce
respectable chanoine de Sainte-Opportune garde
précieusement l'original autographe de la pièce
dont il s'agit. D'ailleurs, tout connoisseur se
convaincra bientôt qu'il n'y a que la personne
intéressée, et qu'un cœur aussi vivement affecté,
qui ait pu concevoir des sentimens aussi nobles,
et les exprimer avec cet abandon et cette tendresse de piété, qui se font sentir presque à
chaque ligne.   PRIERES

PRIERES A SAINTE THÉRÈSE,

EN FORME DE NEUVAINE,

composées par Madame LOUISE.

PREMIER JOUR.

ME voici encore à vos pieds, ô ma sainte Mère, et toujours pour obtenir la grace que je sollicite depuis tant d'années. Mes espérances sont augmentées : mais hélas ! ce ne sont encore que des espérances. Je suis toujours dans le monde, toujours loin de vos saints asyles ; et je ne vois pas même de routes certaines pour y arriver.

Je persiste, ô mon Dieu, à me soumettre sans réserve à votre sainte volonté. Je ne demandois que de la connoître. Eût-elle été opposée à mes vœux, sur-le-champ, je le proteste à la face du ciel et de la terre, sur-le-champ je m'y serois soumise ; j'aurois renoncé à mes plus chers desseins ; et je me serois fixée dans l'état où votre adorable Providence m'auroit retenue. Mais, soyez-en loué à jamais, ô mon Dieu ! votre miséricorde n'a point rejeté mes vœux. Votre oracle a parlé. Vous avez agréé mon sacrifice : et il ne me reste qu'à attendre le moment que vous avez marqué. Je l'attends, ô mon Dieu ! et c'est avec autant de soumission

H

que d'empressement. Mais vous nous permettez de vous prier, et vous ne prenez pas nos sollicitations pour des révoltes. Hâtez donc, ô mon Dieu, hâtez, précipitez cet heureux moment!

S e c o n d   j o u r.

O ma bonne Mère, joignez vos instances à celles d'un enfant que vous ne pouvez désavouer. Jetez les yeux sur moi. Voyez l'esclavage où je suis, l'agitation où je vis; mes prières gênées, mes méditations coupées, mes dévotions contrariées. Voyez les affaires temporelles dont je suis assailli; voyez le monde qui sème sous mes pas ses pompes, ses jeux, ses spectacles, ses conversations, ses délices, ses vanités, ses méchancetés, toutes ses tentations . . . . , sans que je puisse ni fuir, ni me détourner. Voyez les dangers que je cours, les épines sur lesquelles je marche, mes fautes, le peu de bien que je fais. . . . Voyez mes désolations, mes tristesses, mes ennuis. Ayez pitié de moi. Obtenez-moi enfin la sainte liberté des enfans de Dieu.

T r o i s i è m e   j o u r.

Ne suis-je pas assez éprouvée? Ne connoissez-vous pas à fond le vœu de mon cœur? Après tant d'années de constance, doutez-vous de ma résolution? M'avez-vous vue varier un seul instant?

Ne m'avez--vous pas toujours aperçue tournée vers la voix qui m'appelle ; tendant à elle de toutes mes pensées , de tous mes désirs , de toutes mes forces ; soupirant sans cesse après le bonheur de la suivre ; fondant en larmes de me voir ainsi renvoyée d'année en année ; conjurant Dieu , dans toute la ferveur et la sincérité de mon ame , de briser enfin mes liens ; vous pressant , vous sollicitant de les rompre ; employant pour vous y engager l'intercession de vos plus chères filles ? N'ai je pas assez connu le monde pour le détester à jamais, pour ne jamais le regretter ? J'ai considéré tant de fois une à une toutes les douceurs de cet état auquel je veux renoncer! Vous m'êtes témoin , ô mon Jésus! qu'il n'en est aucune que je n'aie balancé à vous sacrifier. Vaines douceurs, douceurs pleines d'a-mertume ! fussent-elles mille fois plus pures, je préfère le calice de mon Sauveur. Ne me dites point , ô ma sainte Mère ! que je ne connois point encore assez votre Règle. Ah! ne m'avez-vous pas vue la lire , sans cesse la méditer , la porter sur moi , en faire mes délices ? Je ne me suis rien déguisé : abaissemens , pauvreté , aus-térités de toute espèce , privations de toutes les sortes , solitude , délaissemens , contradic-tions , humiliations , mépris , mauvais traite-mens. J'ai mis tout au pis. Rien ne m'a effrayée.

H ij

J'ai comparé l'état de Princesse à l'état de Carmélite , et toujours j'ai prononcé que celui de
Carmélite valoit mieux ; et jamais ce jugement
ne s'effacera de mon cœur. J'ai vu , ô mon Jésus ! j'ai soupesé la croix dont je vous prie de
me charger : ah ! que n'est-elle aussi pesante
que la vôtre !

Q U A T R I È M E J O U R.

O ma bonne Mère, que faut-il donc de plus ?
Mes jours se dissipent ; mes années s'écoulent ;
hélas ! que me restera-t-il à donner à Dieu ? Vos
filles elles-mêmes ne me trouveront-elles pas
trop âgée ? Ouvrez-moi donc enfin, ô ma Mère,
ouvrez-moi la porte de votre maison , tracez-
moi la route, frayez-moi le chemin , aplanis-
sez-moi tous les obstacles. Dès le premier pas
j'ai besoin de tout votre secours pour me déclarer à celui dont le consentement m'est nécessaire. Faites-moi naître une occasion favorable ; préparez-moi son cœur ; disposez-le à
m'écouter ; défendez-moi de sa tendresse ; défendez-moi de la mienne ; donnez-moi le courage de lui parler, et des paroles persuasives
qui vainquent toutes ses répugnances. Mettez-
moi sur les lèvres ce que je dois lui dire, ce
que je dois lui répondre. Parlez-lui vous-même
pour moi, et répondez-moi pour lui. Vous ob-

tintes autrefois tant de graces pour rompre les liens qui vous retenoient dans le monde ; vous en obtenez tant de pareilles pour vos filles. Intercédez donc aussi pour moi, ô ma Mère, et dites à mon cœur, avant que je sorte d'ici, que je puis parler quand je voudrai, et que le cœur du Roi est incliné à mes vœux. Mais, ma sainte Mère ! apprendra-t-il ma résolution, y consentira-t-il, la verra-t-il s'exécuter sans être touché de Dieu, sans retourner entièrement vers lui ? Moi Carmélite, et le Roi tout à Dieu, quel bonheur ! Dieu le peut, Dieu le fera, ô ma sainte Mère, si vous le lui demandez. Hélas ! il le feroit même pour moi, si j'avois autant de foi que de désirs. Ah ! je crois, ô mon Dieu ! je crois..... O ma bonne Mère ! présentez ma foi aux pieds de votre divin époux : qu'elle croisse, qu'elle s'augmente entre vos mains, qu'elle égale la vôtre, et mérite comme elle des miracles. Après cela, qu'aurai-je à désirer ? mourir, et mourir Carmélite, et laisser ici bas toute ma famille dans le chemin du ciel.

Cinquième jour.

Mais il faut encore par quelques délais acheter de si grandes graces. Ah ! du moins, ma sainte Mère, augmentez-en le pressentiment dans mon cœur. Faites-y luire le plein jour de la volonté

H iij

de Dieu ; daignez sans cesse m'y certifier ma vocation. Mais sur-tout ne me laissez pas perdre cet intervalle , quelque long qu'il puisse être. Aidez-moi à me défaire dès aujourd'hui de tous les attachemens contraires à ma vocation. Hélas ! à quoi ne s'attache pas notre cœur, et presque toujours sans que nous nous en doutions ? Parens , amis , honneurs , richesses , appartemens , meubles , habits , bijoux , bonne chère , commodités , habitudes , consolations humaines , que sais-je ? Voyez, faites-le moi voir, arrachez tout ce que je ne dois pas porter chez vous. Ah ! n'épargnez rien au dedans de moi ; mais au dehors, ma bonne Mère , retenez par vos instances les plus vives ce bras terrible qui a déchiré mon ame par tant de funestes coups. O mon Dieu ! conservez la reine ; donnez-lui, avant sa mort , la consolation de me voir au nombre de ses chères Carmélites ; conservez toute ma famille ; conservez tous ceux que j'aime ; ne m'en détachez que par votre grace. Non , je ne serai pas rebelle ; je foulerai aux pieds toutes mes inclinations pour suivre votre voix. Mais , ô ma sainte Mère ! pendant que je travaille à déraciner toutes mes anciennes attaches, ne permettez pas que j'en contracte de nouvelles. Protégez-moi contre toutes les occasions , contre tous les piéges qu'on me tend.

S I X I È M E J O U R.

A mesure que mon cœur se videra de toutes les pensées de la terre, il se remplira de celles de ma vocation, de celles du Ciel. O ma bonne Mère ! dilatez, étendez dans mon ame toutes les vertus religieuses. Que dès à présent, j'en pratique tout ce qui m'est possible. Donnez-moi des occasions fréquentes d'obéir, de me mortifier, de m'humilier, de me confondre avec mes inférieurs, de descendre au-dessous d'eux, de fouler aux pieds le monde et ses vanités, de glorifier Dieu sans respect humain, d'embrasser sans honte la croix de Jésus-Christ, de confesser hautement sa religion et son église, de renoncer à moi-même et à toutes mes affections ; de goûter les contradictions, les délaissemens, le défaut de toute consolation humaine ; de sentir le froid, le chaud, la faim, la lassitude ; de me dépouiller de ma propre volonté ; de me résigner à celle de Dieu ; de m'élever à lui ; de le prier, de converser avec lui, de l'aller visiter aux pieds de ses autels ; de participer à sa table, d'entendre sa parole, d'assister aux Offices. Multipliez toutes les occasions pareilles. Je n'en perdrai pas une. Que par-tout, même dans les lieux les plus consacrés au monde, je porte un cœur

H iv

crucifié, un cœur de Carmélite. Que toutes mes pensées y soient dignes de vous.

S e p t i è m e   j o u r.

Soyez sans cesse à mes côtés, ô ma sainte Mère! pour me dire sans relâche : Songez à votre vocation ; il vous reste peu de temps : songez à former une Carmélite. C'est ainsi que pense, c'est ainsi que parle, c'est ainsi qu'agit une Carmélite. . . . . Une Carmélite ne penseroit, ne diroit pas, ne feroit pas cela. . . . . Ah! qu'avec cette assistance j'espérerois former en moi dès à présent, et au milieu même du monde, une parfaite Carmélite, à qui il ne manqueroit plus que le cloître et l'habit! Daignez donc, ma sainte Mère, si vous voulez encore me laisser dans le monde, daignez ne pas me perdre de vue un moment ; veillez sur moi comme sur une de vos filles ; soyez mon soutien, soyez ma sûre garde, soyez mon conseil assidu.

H u i t i è m e   j o u r.

Je vous recommande, non-seulement mon cœur pour y former toutes les vertus et toute la perfection de votre règle, mais encore mon corps pour le mettre en état d'en soutenir les austérités. Je ne ne demande pas une santé parfaite ; je veux, ô ma sainte Mère! vous ressembler en tout point. Je veux ressembler à Jésus-Christ, mon divin modèle, et porter sa croix en mon cœur et en mon corps jusqu'à mon dernier soupir. *Ou souffrir ou mourir,* sera ma devise, comme ce fut la vôtre. Mais qu'au milieu des douleurs et des infirmités, mon tempérament se fortifie, afin que sa foiblesse ne soit point un obstacle à ma vocation; quand par la miséricorde de Dieu tous les autres obstacles seront levés.

N E U V I È M E J O U R.

Mais tandis que je m'occupe de mon futur état, que je m'en propose les vertus, que je m'y exerce, ne me laissez pas non plus, ô ma sainte Mère! négliger l'état où la Providence me retient encore, quelque court que doive être le temps qu'elle m'y retiendra. Suggérez m'en aussi tous les devoirs. Obtenez-moi de les remplir ponctuellement, avec autant d'exactitude et de perfection que si je devois être toute ma vie ce que je suis à présent. Multipliez aussi sous mes mains les occasions de faire le bien propre de mon état, le bien que je ne pourrai plus faire dans le cloître. Hélas! qu'ai-je fait jusqu'ici pour répondre aux vues de la Providence, et la justifier de m'avoir placée et m'avoir tenue plus de trente ans dans ce rang

d'élévation? O mon Dieu! remplissez le peu
de jours qui me restent de cette grandeur, et
que de leur plénitude soient comblés tous les
vides de ma vie passée. Donnez-moi dans ce
court espace de temps la grace de servir la
religion, l'église et l'état; de tirer de la misère
tous les malheureux; de soutenir, de ranimer,
d'encourager la piété; de protéger l'innocence
opprimée; d'imposer un silence éternel à la
calomnie et à la médisance; de vous gagner
toute ma maison; d'édifier toute la Cour; et
avant que de m'enfermer pour travailler uni-
quement à mon salut, d'avoir procuré celui
de tous ceux à qui l'élévation dont je descends,
m'aura donnée en spectacle. Ainsi soit-il.

Autre Prière en action de graces, com-
posée encore par Madame LOUISE.

Quelles graces n'ai-je point à vous rendre, ô
mon Dieu! de m'avoir amenée dans votre sainte
maison! C'est donc aux pieds de vos autels
que mes jours vont s'écouler désormais jusqu'au
dernier de ma vie. Quel bonheur, mon Dieu!
Est-ce trop que de vous faire l'oblation de tout
moi-même, sous le joug de la sainte règle que
je suis venue embrasser? Puis-je regretter rien
de ce que j'ai quitté? Ce que j'ai quitté n'est

rien, et ce que j'ai trouvé ici est tout, puisque c'est vous que j'y ai trouvé, ô mon Dieu! mon tout! Désormais la pauvreté sera mes richesses. Eh! quel trésor! puisqu'il m'acquerra votre royaume. Quelle proportion entre quelques jours de pénitence, et un poids immense de gloire? Oui, mon Jésus, j'embrasse votre croix; je l'embrasse de tout mon cœur. Faites que je ne m'en sépare jamais. Accordez-moi, Seigneur, toutes les graces qui me sont nécessaires pour achever mon sacrifice, pour parvenir à être votre victime. O Jésus! quel beau titre! et qu'il est bien préférable à tous les vains honneurs du monde!

(5) Ce fut à M. de Beaumont, archevêque de Paris, que s'adressa Madame LOUISE pour faire part au Roi de son projet de retraite au Carmel. Ce Prélat, très-considéré de la famille royale, s'acquitta de la commission dont il étoit chargé auprès du Monarque, qui, quoique plein de vénération pour la vertu du pontife, parut d'abord trouver mauvais qu'il osât lui annoncer une nouvelle si affligeante pour sa tendresse. J'ai pensé qu'on liroit ici volontiers quelques-unes des lettres écrites par Louis XV à sa fille, et que cette vocation extraordinaire occasionna. Elles sont courtes; ce sont plutôt des billets

que des lettres. Les rois n'ont pas le temps d'être verbeux. Mais, malgré leur briéveté, on y reconnoîtra le père bon et affectionné, le prince religieux et juste. Dans ces lettres il est question des demandes que faisoit Madame LOUISE, pour qu'on assurât une retraite avantageuse aux personnes qui l'avoient servie à la Cour. Le roi trouvoit même qu'elle poussoit un peu trop loin ses prétentions à ce sujet. Mais le vif intérêt que prenoit cette Princesse au sort de tous ceux qui s'étoient attachés à son service, est une nouvelle preuve de la bonté de son cœur, dont on peut faire les plus grands éloges sans craindre d'exagérer.

Lettres de Louis XV à Madame LOUISE.

Versailles, 20 Février 1770.

« M. l'archevêque, chère fille, m'ayant rendu compte de tout ce que vous lui avez dit et mandé, vous aura surement rapporté exactement tout ce que je lui ai répondu. *Si c'est pour Dieu seul, je ne puis m'opposer à sa volonté et à votre détermination.* Depuis dix-huit ans vous devez avoir fait vos réflexions. Ainsi je n'ai plus à vous en demander. Il me paroît même que vos arrangemens sont faits. Vous pouvez en parler à vos sœurs, quand vous le jugerez à propos. Compiègne n'est pas possible ; par-tout ailleurs ; c'est à vous à décider, et je serois bien fâché de vous rien prescrire là-dessus..... J'ai fait des sacrifices forcés ; celui-ci sera de volonté. De votre part, Dieu vous donnera la force de soutenir votre nouvel état. Car une fois cette première démarche faite, il n'y a plus à en revenir. Je vous embrasse de tout mon cœur, chère fille, et vous donne ma bénédiction. L o u i s. »

« Vous n'aurez qu'un mot de moi, mon petit cœur, ce soir ; car il est tard. Je vous embrasse de tout mon cœur, chère fille.

« Je vous envoie l'ordre dont vous me parlez pour votre départ, et j'exécuterai ce que vous désirez pour vos domestiques, et tous vos autres arrangemens. A Choisy, ce 5 avril 1770. »

(Ce billet est sans signature.)

« Ma très chère fille, l'abbé Bertin m'a remis ce matin votre lettre au retour de la Cène, et depuis la messe j'ai eu une longue conversation avec lui. Je vous ai obéi, quoique votre supérieur de plusieurs façons. C'est aujourd'hui à vous d'obéir à la supérieure de la communauté que vous avez choisie pour retraite. L'abbé Bertin m'en a dit du bien, ainsi que de toutes les religieuses de cette maison. Elle fera bien de vous ménager dans les commencemens, pour pouvoir aller jusqu'au but que vous vous êtes proposé en nous quittant. Soyez toujours sûre de mon amitié , chère Louise , ou sœur Thé- rèse de Saint-Augustin. Ma santé est très-bonne. Ma nuit précédente avoit été un geu agitée , et ma visite du matin à vos sœurs n'avoit pas été aussi agréable que de coutume.

« A Versailles , douze avril 1770.

« L o u i s. »

« J'ai reçu hier votre lettre , chère fille , en sor- tant de la messe. Elles ne peuvent jamais m'im- portuner , pourvu que je ne vous réponde que quand il me sera possible. Il est difficile qu'on oublie ce que vous êtes. Cependant l'on ne peut vous traiter comme une fille des rues. Le tapis après une première fois est de trop ; et quand vos sœurs iront vous voir sur-tout , qu'on ne leur en donne pas, non plus que la procession. Vous savez leur façon de penser à cet égard , et com- bien peu aussi j'aime ces réceptions. A la com- munion et au réfectoire, vous pouvez dire à la su- périeure qu'on vous mette après les religieuses , pourvu que vous obéissiez à la supérieure sur tout ce qu'elle vous commandera ; et en faisant trop , prenez garde que vous ne vous mettiez hors d'état de remplir votre vocation.

« Versailles , 17 avril 1770. L o u i s. »

« Il ne peut pas ne pas geler dans vos cellules, chère fille, par le froid excessif qu'il fait. Il est heureux que vous ne vous en soyez pas encore ressentie... Je n'ai jamais compté que l'arrangement pour vos gens et pour vos pensionnaires fût avant le jour de votre mort de ce monde, vous ayant laissé ce dont vous jouissiez par mois. Si vous avez besoin de quelques secours de plus, faites-le savoir au Contrôleur-général. Je vous embrasse de tout mon cœur, chère fille. Voici un temps peu propice pour vous aller rendre visite.

« Marli , 17 janvier 1771.

« L o u i s. »

« Je m'acquitterai demain , chère fille, de votre commission pour le Contrôleur-général. Votre nièce a été honteuse du reproche qu'elle vous a fait de moi, ayant trouvé une lettre à son retour à Versailles. La prieure d'ici (de Compiègne) ne m'a point parlé de ses parens ; mais elle m'a fait donner un mémoire pour payer la dot d'une Carmélite, que j'avois promise , dit-on , l'année passée. M. de Soissons m'en paroît content, et sa communauté aussi , à ce que m'a dit Adélaïde. Vous êtes juste, chère fille , et vous voulez faire payer à vos gens la gratification des voyages qu'ils ne font pas ! Gages , nourriture , rien de plus juste , ainsi qu'une petite douceur de plus ; mais ce que vous demandez est trop fort , sur-tout dans les circonstances présentes de nos finances. Je me suis emparé de votre mémoire , et je le rendrai avec mes décisions quand je l'aurai examiné tout du long. Adieu , chère fille , je vous embrasse de tout mon cœur.

« A Compiègne , ce 31 juillet 1771.

« LOUIS. »

« Je vous verrai, chère fille, après-demain sur les cinq heures. . . . . J'ai communiqué au Contrôleur-général les mémoires que l'abbé *** m'a remis. Je les ai trouvés on ne peut pas mieux faits , et surement je ferai du mieux que nous pourrons pour votre communauté , tant présente qu'à venir. Je ne suis pas surpris qu'elles aient de la peine à vous appeler *Sœur* ; cependant vous voulez que cela arrive. Mais ce qui arrivera après , ce sera une autre dénomination qui sera bien malgré vous (*le titre de supérieure*). Je vous embrasse de tout mon cœur , chère fille.

« A Compiègne , 27 août 1772.

« LOUIS. »

C'est aujourd'hui, chère fille, le jour qui vous a donné la lumière, mais non encore la céleste,

à

à laquelle je ne m'attendois pas, ni personne non plus. Permettez que je vous en complimente. J'ai pris vendredi deux daims, etc. . . . . . Je vous ai promis vingt-cinq mille livres de rente. Prenez les en 1250 sacs de blé. L'on vous fera le surplus en argent, s'il ne les vaut pas; et ce sera votre profit s'il vaut davantage. L'on vous communiquera les lettres-patentes, ou la bulle, car il en faudra. Il fait bien chaud ce matin. Gare l'orage tantôt, car le baromètre baisse. Adieu, chère fille. Je vous embrasse de tout mon cœur.

« Compiègne, 15 juillet 1772.

« L O U I S. »

(6) Ce fut le 11 avril 1770, que Madame LOUISE entra au Carmel de Saint-Denis. M. Bertin, conseiller d'état et supérieur de cette maison, vint le matin annoncer aux religieuses que Madame L O U I S E se rendroit ce jour-là même dans leur église pour y entendre la messe, sans s'expliquer davantage. Quelle fut la surprise de cette communauté, lorsque M. Bertin lui eut annoncé que la Princesse avoit choisi cette maison pour y être reçue, non à titre de bienfaitrice, mais en qualité de religieuse, sans aucune distinction! Les six mois que Louis XV avoit fixés pour la durée du Postulat, lequel

I

n'est ordinairement que de trois mois, étant expirés, le Pape chargea M. l'archevêque de Damas, son Nonce en France, de faire, en son nom, la cérémonie de la prise d'habit; et ce fut notre auguste Souveraine, alors Dauphine, qui le lui donna. Les sanglots de cette jeune Princesse, les gémissemens de toutes les personnes qui composoient la maison de Madame LOUISE, l'attendrissement général de la foule des spectateurs, n'altérèrent point la sérénité de cette généreuse victime. Feu M. Poncet de la Rivière, ancien évêque de Troyes, qui s'est distingué dans la carrière de l'éloquence sacrée, fut chargé du discours. Le temps de la profession de l'auguste Novice étant arrivé, M. le Nonce fit encore la cérémonie ; Madame la Comtesse de Provence donna le voile ; et M. de Roquelaure, évêque de Senlis, prononça un discours éloquent, digne du sujet et de l'orateur. *Voyez la lettre circulaire sur la mort de Madame LOUISE, et les notes du panégyrique de Sainte-Thérèse.*

(7) Trois images de papier, une lampe de corne, une chaise de paille, un vil grabat, voilà tout le meuble de la cellule de Madame LOUISE. Les quatre murs qui en forment l'enceinte lui servoient de rideaux. Dans les com-

mencemens il lui arriva plus d'une fois de heur-
ter par mégarde contre les murs d'un si étroit
hermitage, et de se meurtrir la tête et les bras.
Un jour, le Roi l'étant venu voir, et lui ayant
trouvé le nez fort enflé, il dit à sa fille : Qu'est-
ce donc qui vous a causé cette meurtrissure?
C'est, papa, lui répondit-elle, un des rideaux
de notre cellule, auxquels je ne suis pas encore bien habituée. Mais cela ne m'a pas em-
pêchée de dormir cette nuit sept heures de
suite. Madame Louise étoit devenue si replète,
et la paillasse sur laquelle elle couchoit si
étroite, qu'elle ne pouvoit s'y remuer sans tomber, du moins sans s'exposer à faire une chute.
Quand enfin on s'en aperçut, on fit tout au
monde pour lui faire accepter une paillasse
neuve. Non, non, dit-elle ; il n'y a qu'à élargir
d'un côté celle dont je me sers ; c'est tout ce
que je puis recevoir. Du reste, elle étoit bien
éloignée de se glorifier de ce que son nouveau
genre de vie avoit d'austère : *Je le dis à ma*
honte, écrivoit-elle, *pendant que tout le*
monde s'en édifie ; je suis aussi à mon aise
sur une simple paillasse piquée, que j'étois
sur un lit de plumes.

(8) Sainte *Radegonde*, fille de Berthaire,
roi de Thuringe, épouse de Clotaire, mourut

I ij

religieuse à Poitiers, en 587, dans l'abbaye de Sainte-Croix, qu'elle avoit fait bâtir. Sainte *Batilde*, épouse de Clovis II, fondatrice des abbayes de Chelles et de Corbie en Picardie, mourut religieuse dans le premier de ces monastères, vers 685. Mais *Isabelle*, sœur de S. Louis, fonda Longchamp, sans être cordelière. *Jeanne de Valois*, fille de Louis XI, avoit été mariée à Louis, duc d'Orléans, qui fut depuis le Roi Louis XII. Ce mariage ayant été déclaré nul par le Pape Alexandre VI, cette vertueuse Princesse se retira à Bourges, où elle institua l'ordre de l'Annonciation, ou de l'Annonciade, mais sans en prendre l'habit. Elle est morte en 1504, et elle a été béatifiée en 1743.

(9) Louise-Françoise de la Baume le Blanc de la Valière, que ses foiblesses pour un grand Monarque, et de longues expiations ont rendu célèbre, se fit religieuse dans le couvent des Carmélites de Saint-Jacques, et prit le nom de sœur Louise de la Miséricorde. Le jour de sa profession, en 1675, M. Bossuet prononça le discours usité dans ces sortes de cérémonies; et il paroît que le succès ne répondit pas à l'attente du public. *Ce qui vous étonnera*, écrivoit Madame de Sévigné à sa fille, *c'est que le sermon de M. de Condom ne fut point aussi*

divin qu'on l'espéroit. Quoique le sacrifice de la duchesse de la Valière ne mérite aucunement d'être comparé à celui de l'héroïne du Carmel dont nous avons fait l'éloge, il fut grand néanmoins par les motifs qui l'animèrent, et par les prodiges d'une pénitence de 36 ans dont il fut suivi. Le triomphe de sa rivale qui lui enleva le cœur du Roi, occasionna sans doute sa retraite; mais il n'en faut pas moins faire honneur à sa fidélité à la grace. Sa conversion fut aussi vraie que l'avoit été son amour. *Elle embrassa,* dit l'auteur du siècle de Louis XIV, *la ressource des ames tendres, auxquelles il faut des sentimens profonds qui les subjuguent.* Heureuses celles qui, donnant à leur sensibilité le seul objet digne de la satisfaire constamment, ne s'attachent qu'à l'Etre infiniment adorable! *Elle crut que Dieu seul pouvoit succéder dans son cœur à son amant.* A l'indécence de ces rapprochemens, on reconnoît bien Voltaire. Mais si elle le crut, eut-elle à se repentir de son choix? Non: elle éprouva, comme tant d'autres, que dans les grands revers, il n'y a de véritable ressource pour les cœurs affligés que la religion; et que les plaisirs purs de la vertu l'emportent de beaucoup sur toutes les fausses douceurs que les passions procurent. *Se couvrir d'un cilice, marcher pieds nus, jeûner ri-*

I iij

goureusement, *chanter la nuit au chœur dans
une langue inconnue*, *tout cela*, ajoute cet
Ecrivain, *ne rebuta point la délicatesse d'une
femme accoutumée à tant de gloire, de mollesse et de plaisirs.* Ici il déplore en termes
énergiques l'aveuglement prétendu d'une foule
de femmes, qui se sont punies si sévèrement d'a-
voir aimé. Il est vrai qu'on est bien plus cou-
pable par les crimes de la politique, que par les
foiblesses de l'amour, et que ceux-là exigent des
expiations plus rigoureuses. Je suis bien éloigné
de mettre sur la même ligne ces deux espèces de
désordres. Mais enfin la duchesse de la Valiere
avoit à expier des chutes dont la publicité scanda-
leuse eut des suites très-funestes. Or, si malgré
ces chutes, son dévouement aux austérités du
Carmel parut si admirable, quels sentimens de
vénération doit nous inspirer la pénitence de
Madame Louise, jointe à des mœurs pures et
irréprochables dans tous les temps!

(10) Les constitutions des Carmélites ne per-
mettent pas que les Prieures gardent cette place
plus de six ans de suite. Les six années du premier Priorat de Madame Louise étant révolues,
les Carmélites de Saint-Denis, qui auroient sou-
haité qu'une si digne supérieure fût continuée
dans sa charge, trouvoient, dans une loi de leur

code, un obstacle insurmontable à leurs désirs.
« Il nous auroit été facile, m'écrivoit dans ce
« temps-là une d'entre elles, de nous adresser
« en Cour de Rome pour nous dégager de cette
« loi ; et il est à présumer que notre Saint Père
« se seroit rendu à nos instances. Mais Madame
« Louise craignant nos démarches, et les suites
« qu'elles pourroient avoir, nous a fait des dé-
« fenses réitérées de nous donner le plus petit
« mouvement, jusqu'à nous menacer que, si
« nous n'y avions pas égard, elle demanderoit
« à Dieu de mourir dans la même année, pour
« nous donner une preuve sensible du mal qu'on
« fait en s'écartant des règles sagement établies
« par les fondateurs. »

(11) Louis XV alloit une fois le mois à Saint-
Denis, pour voir Madame Louise ; et ce Prince,
au Carmel, y donnoit des preuves, non-seulement de tendresse pour sa fille, mais encore de
ses sentimens religieux. Il sortoit du couvent pour
assister à la messe et au salut, *parce que*, disoit-il, *en me rendant à l'église, j'oblige tout
mon monde à m'y accompagner.* Jamais il ne
permit à aucune personne de sa suite d'entrer
avec lui dans le monastère. *Les Carmélites me
garderont,* disoit ce bon prince. De son côté, Madame Louise prenoit les plus sages précautions

pour que les fréquentes entrées de la famille royale
ne dérangeassent pas sa communauté ; et ces entrées se faisoient d'une manière si peu bruyante,
que souvent on ne s'en doutoit pas au Carmel.
« A la première visite que Madame LOUISE reçut
« du Roi après sa prise d'habit, le Monarque,
« saisi à la vue du lugubre et grossier vêtement
« où il trouvoit sa fille, lui dit du ton de la
« tendresse affligée : Vous avez donc renoncé à
« tous vos titres et à tous vos droits ? — Non,
« répondit la Princesse avec toute la vivacité
« de l'amour filial, non, ô mon père, puisque
« je conserve encore et le titre de votre fille,
« et tous mes droits sur votre cœur. (Voyez la
lettre circulaire.) » L'on sait que Madame
LOUISE désiroit ardemment que le Roi son père
devînt un saint, et que c'est là un des grands
motifs qui l'avoient engagée à se vouer à toutes
les austérités du cloître. Un jour que ce Prince,
dans la cellule de sa fille, appuyé sur son triste
grabat, lui disoit avec l'accent de la compassion :
Voilà une couche bien dure, bien mauvaise !
Ah ! papa, lui répondit-elle, *il faut bien faire*
pénitence pour moi, pour les autres, pour
mes chers parens..... Louis comprit bien ce
qu'elle vouloit dire. Comme ce jour-là la conversation fut plus longue qu'à l'ordinaire, le Roi
lui observa que les courtisans ne manqueroient

pas de faire des conjectures et de raisonner :
*Ils s'imaginent sans doute que nous parlons
d'affaires graves, des affaires d'état.* En tout
cas, ils étoient bien dans l'erreur. Jamais il n'en
étoit question dans leurs entretiens ; et celui
dont il s'agit ne fut prolongé, que parce que le
Roi, naturellement curieux, et qui aimoit les
détails, auoit désiré que sa fille l'instruisît à fond
des divers usages du Carmel. Je tiens cette anecdote d'un de MM. les Visiteurs généraux, qui
l'avoit apprise de Madame LOUISE elle-même.

(12) L'on peut juger du zèle affectueux qu'a-
voit Madame LOUISE pour la perfection de ses
Novices, par deux lettres que cette pieuse Princesse écrivoit à l'une d'elles. Le ton de gaieté
sainte et ingénieuse qui y règne, intéressera les
lecteurs. C'est dans la retraite qui précéda immé-
diatement la profession de cette Novice, qu'elle
reçut la lettre suivante.

« Bon jour, petit hermite blanc *. Comment
vous trouvez-vous de l'entrée du désert ? Je prie
Dieu que tout votre chemin soit parsemé de
roses, qui vous embaument si fort de leur délicieux parfum, qu'elles émoussent toutes les
épines dont elles sont ordinairement accompa-

---

* Allusion au voile blanc que portent les Novices.

gnées. Je suis contente ; vous êtes partie pour
la solitude avec gaieté, et beaucoup de courage.
Ne vous effrayez pas des épreuves que vous
pourrez avoir. Votre divin époux qui vous attend, saura bien vous en dédommager au cen-
tuple. Déjà, pendant dix jours de suite, il va
s'unir à vous par la sainte communion *. Son
amour ne lui permet pas d'attendre que vous
vous soyez donnée à lui. Que vous êtes heureuse
de vous consacrer à Dieu si jeune (à 18 ans)!
Priez pour celle qui n'a pu se donner à lui qu'à
l'âge qu'il est mort pour nous. »

AUTRE LETTRE A LA MÊME.

« Vous êtes donc un peu dans les sécheresses,
ma chère hermite! J'en suis bien fâchée. Je ne
m'attendois pas que mon billet d'hier eût pu vous
donner de la dévotion. Mon intention étoit de
vous donner une marque de mon amitié, et de
l'ennui que je ressens d'être si long-temps sans
vous voir. Je vous assure, malgré tout le plaisir que j'ai à vous écrire, si vous ne m'appelez
pas, *ma sœur*, vous n'aurez plus rien de moi.
Je suis bien fâchée que vous souffriez tant. J'espère que le premier jour passé, cela ne sera

* Il est d'usage aux Carmélites de Saint-Denis d'accorder la
communion les dix jours qui précèdent la profession.

plus si fort. Le bon Dieu devroit bien accompagner vos souffrances d'un peu de douceurs; et je ne doute pas que si vous lui en demandez à la sainte Communion, il ne vous en accorde pour ranimer votre ferveur et votre amour pour lui, et lui faire le sacrifice qu'il attend de vous dans les vues de perfection qu'il désire; ce qui n'est pas difficile, se contentant de la bonne volonté, mais de ces bonnes volontés fermes et tendres pour votre futur époux. Ah! ma chère Louise-Marie, qu'il est doux de se donner à lui sans partage, et que vous êtes heureuse, je le répète encore, de vous donner à lui si jeune! Sacrifier ce qu'on ne connoît pas, est quelquefois, et bien souvent, un plus grand sacrifice, que ce qu'on méprise quand on le connoît. Si le public a tant d'estime de mes sacrifices, combien devroit-il plus estimer ceux d'une jeune ame dans l'adolescence, qui n'a jamais connu que Jésus, et l'a préféré à tout ce que le monde pouvoit lui offrir de flatteur! Si vous n'avez pas de grandes richesses à lui sacrifier, vous avez votre cœur. Dès que vous avez su qu'il vous le demandoit spécialement, vous le lui immolez. C'est le sacrifice du matin. Je tâche d'y unir le mien, qui n'a pu malheureusement être qu'un sacrifice du soir. J'espère que les parfums du matin purifieront les brouillards du soir. Priez

Dieu pour moi, ma chère Louise-Marie, et que l'héritage de mon nom vous soit un engagement pour vous souvenir de moi devant notre commun époux. »

Madame LOUISE, quand elle vouloit, s'exprimoit d'une manière très-agréable. *Ce petit papillon finira par aller se brûler au feu du divin amour*, disoit-elle d'une jeune Carmélite qui, depuis sa première consécration au Seigneur, avoit différé plusieurs années l'émission de ses vœux. Elle avoit un talent admirable pour tranquilliser et consoler les ames peinées. Une de ses filles lui ayant témoigné sa répugnance extrême pour certains usages du Carmel, cette bonne mère lui écrivit tout de suite : *A qui dites-vous qu'il en coûte ? Il n'y a personne à qui tout coûte plus qu'à moi. Tout me coûte horriblement.* C'est son expression. *Bon courage, ma chère sœur. Le Dieu du Paradis mérite bien nos sacrifices. Donnez-moi part à tous ceux que vous ferez, et croyez que j'aime à vous faire plaisir.*

(13) Le goût de Madame LOUISE pour l'état austère qu'elle avoit embrassé, ne s'est jamais refroidi. La patience de cette grande ame fut mise aux plus cruelles épreuves. Un cœur tendre et sensible tel que le sien, est une source in-

tarissable de peines. Cependant quoiqu'elle eût
à porter des croix pesantes de toute espèce, son
front toujours serein, son humeur toujours égale,
la douce gaieté qui respiroit dans sa conversation
et dans ses lettres, annonçoient en toute occasion le bonheur. Son contentement étoit si vif et si
constant, qu'il lui devint suspect, et lui donnoit
des scrupules, parce qu'elle ne se croyoit pas assez
marquée au sceau des prédestinés, au sceau des
souffrances, et qu'elle se trouvoit trop heureuse
dans ce monde. Voici ce qu'elle mandoit à la
Prieure des Carmélites de Carpentras:

« C'est avec un grand plaisir, ma révérende
Mère, que je m'acquitte de votre commission, et
que je vous envoie la formule de nos vœux. Vous
m'en faites un très-grand de me procurer de les
récrire. Je voudrois les écrire par-tout, pour tâ-
cher, si cela se pouvoit, de les resserrer encore
davantage. Plus je les récris, plus je les renou-
velle, plus aussi je suis contente et heureuse de
les avoir faits. Il n'y a pas de couronnes qui
vaillent ce contentement, qu'on sent même dès
cette vie. Pardonnez-moi ce préambule. Il part
de l'effusion de mon cœur. J'espère que vous ne
vous formaliserez pas si je vous écris dans ce
saint temps (du Jubilé). Mais rien ne tient à
l'envie que vous avons de vous obliger ; et je
regarde même cela comme une très-bonne œuvre

préparatoire à notre jubilé que nous devons finir
samedi. J'espère, ma révérende Mère, que vous
prierez pour ma conversion. J'en ai un besoin
que vous ne sauriez croire, si je ne vous le di-
sois ; ce qui est pourtant bien vrai malheureusement.

« Sœur THÉRÈSE DE S. AUGUSTIN. »

Ces effusions de cœur sur le contentement
qu'elle goûtoit au Carmel, s'échappoient dans
toutes les circonstances. Entre autres lettres où
ces sentimens sont consignés, je me bornerai à
celle-ci que cette Princesse écrivoit à M. l'abbé
de Rigaud.

« Vous avez eu belle compagnie dans votre
rue l'autre jour (la reine étoit allée à Sainte-
Géneviève). Je suis persuadée que vous vous êtes
dit : Oh ! que la mère Thérèse de Saint-Augustin
est heureuse de n'être plus là ! Sa chaise de
paille, si elle en sait bien profiter, lui fera un plus
beau trône que celui qui est préparé à la Reine
à l'hôtel-de-ville ; et ses habits de bure seront
plus brillans un jour que tout ce que je vois.
Ainsi soit-il, mon père. Ce que je sais bien,
c'est que tout ce qu'une Carmélite peut porter
un jour de grande fête, n'est pas si gênant que
tout ce que j'ai porté en pareille occasion. Mais
tout cela étoit perdu pour Dieu ; et jusqu'aux

moindres poussières du Carmel peuvent être un jour des diamans pour moi. Quel compte, si je ne les ramasse pas avec soin !

« 25 janvier 1782. »

(14) La vie du Carmel est si opposée à celle qu'on mène, je ne dis pas dans les Cours, mais même dans les classes ordinaires de la société, qu'on ne pouvoit croire qu'une Princesse du sang royal se fût assujettie à des usages si pénibles. Cependant rien de plus vrai que Madame LOUISE suivoit la règle dans toute sa rigueur, et que sa ferveur avoit plus besoin de frein que d'aiguillon. Quand on vouloit modérer son goût pour les macérations : *Il faut bien*, répondoit-elle, *racheter le temps perdu, et expier par la pénitence le plaisir que j'ai pris dans le monde à porter les cilices du diable.* C'est ainsi qu'elle nommoit les ornemens du siècle.

Le jour de l'Epiphanie on tire le gâteau des rois au Carmel, comme par-tout ailleurs. Mais la royauté d'une Carmélite seroit-elle capable d'exciter l'ambition des Grands du monde ? Non. Elle consiste en un jour de retraite, une communion, et cinq à six heures de cilice. C'est le hasard qui distribue la couronne. Celle-ci étoit trop conforme aux inclinations de la pieuse Princesse, pour qu'elle y fût indifférente. Quand elle avoit obtenu que le sort la favorisât, plus glorieuse que les rois environnés de tout l'appareil de la majesté, elle offroit sa retraite, sa communion, ses exercices de pénitence pour les besoins de l'église et de l'état.

Le goût des loteries s'étoit aussi, du temps de Madame Louise, introduit ou fortifié au Carmel de Saint-Denis. Mais ce sont des loteries de zèle, de mortification, et d'une espèce bien différente de celles qu'on tire dans le monde. Elles avoient lieu dans les momens critiques, où cette grande ame vouloit faire au ciel une sainte violence, et obtenir pour la France des secours extraordinaires. Plusieurs heures d'un silence plus sacré ; des oraisons, des veilles prolongées ; des jeûnes rigoureux, etc. voilà les lots offerts aux gagnans, et les premiers étoient ceux qui, par de plus grandes austérités, promettoient un gain spirituel plus considérable. Nous avons lieu de croire que Madame Louise arrangeoit si bien les billets de cette loterie singulière, qu'un des premiers lots lui tomboit toujours en partage. Mais c'est assez parler des mystères du Carmel ; et ses habitantes voudront bien me pardonner d'en avoir révélé une partie au monde profane.

Qu'on juge de l'exactitude de Madame Louise à observer la règle, par le trait que je vais citer.
Quoique

Quoique le silence, l'ame du recueillement,
soit très-respecté au Carmel dans tous les temps,
il est des heures dans la journée où cette loi est
plus inviolablement gardée, où l'action de toutes
les langues est suspendue, à moins qu'il ne faille
chanter les louanges du Seigneur ; et c'est ce
qu'on appelle le temps du grand silence. Pour
le rompre, il faut une raison des plus essentielles. Ce fut dans un de ces momens qu'arriva
le courrier qui vint apprendre à Madame LOUISE
la mort de Louis XV. Un événement de cette
importance auroit paru à toute autre un cas
privilégié. Cette Princesse, religieuse à l'excès,
ne voulut pas permettre que, par signe ou
par écrit, cette nouvelle se répandît dans la
maison, pour que la loi de ce silence sacré ne
fût pas exposée à être enfreinte. Et cependant
il s'agissoit de la mort d'un roi, d'un père adoré !
Ce trait me paroît admirable. Comment cette
ame sensible, en proie à la douleur, eut-elle
assez de force pour la renfermer en elle-même ?
Quel empire elle avoit déja sur ses passions !
Trois jours avant sa mort, Madame LOUISE
disoit à son infirmière affectionnée, qui vouloit lui parler dans le temps de ce silence
sacré : *Je ne suis pas assez malade pour le
rompre....* L'on comptoit si fort sur son exactitude, et j'ose le dire, sur sa bonhomie, qu'un

K

jour de veille de Pâques, la sœur chargée de donner le signal qui annonce le lever, craignant d'être encore à deux heures du matin dans les bras du sommeil, pria sans façon Madame LOUISE de venir l'éveiller ; et la Princesse vint éveiller la sœur converse.

(16) L'humilité fut la vertu favorite, la vertu par excellence de Madame LOUISE. A voir les services humilians qu'elle rendoit, sur-tout aux malades, on l'eût prise pour la dernière des Carmélites. Exercer tout à-la-fois l'humilité et la charité, c'étoit-là une de ces prérogatives, qu'autant qu'il lui étoit possible, elle ne cédoit à personne. Quand l'infirmière, ou telle autre sœur, résistoit à ses désirs, la Princesse, pour la désarmer, l'appeloit par les noms les plus tendres, se mettoit à ses pieds et lui baisoit les mains, comme si l'acte héroïque qu'elle sollicitoit avoit eu besoin du pardon qu'on demande pour une faute commise. Il falloit bien alors lâcher la proie qu'elle ambitionnoit, et lui laisser contenter sa ferveur. Lui échappoit-il une parole, un ton de voix qui marquât tant soit peu de hauteur ? tout de suite on la voyoit tomber aux genoux de celle qu'elle soupçonnoit d'avoir contristée, la conjurant d'oublier son orgueil qu'elle se reprochoit avec les qualifications les plus dures.

Ces démarches humbles et pacifiques auroient guéri la plaie du cœur le plus envenimé, et l'on n'y répondoit que par les larmes de l'attendrissement et de l'admiration. Madame LOUISE ne cherchoit qu'à faire oublier ce qu'elle avoit été. A la prière qu'on lui avoit faite de demander pour les Carmélites la permission de réciter l'office de Sainte Clotilde, voici comment elle répondoit en 1786 : « Il me semble que cette de-
« mande seroit gauche de ma part, et qu'elle
« auroit plus l'air d'orgueil que de dévotion. Je
« redoute tout ce qui regarde mon ancien rang;
« et j'ai une si grande peur de m'y écorcher,
« que je fuis même les bonnes choses qui pour-
« roient m'en faire souvenir, et en faire souve-
« nir les autres. » Cependant elle parut s'en souvenir dans une occasion. On observoit à Madame LOUISE que les progrès d'une Carmélite dans les ouvrages d'aiguille étoient bien lents. *Cela est vrai*, répondit-elle, *on apprend difficilement ce qu'on apprend si tard. Il faut lui pardonner. Son père a eu la même distraction que le mien. Ils ont tous deux oublié de faire entrer la couture dans notre éducation.* L'on ne sauroit croire combien elle s'est reproché cette saillie innocente, mais qui, dans ce moment, faisoit sentir qu'elle n'avoit pas tout-à-fait perdu de vue son illustre origine. C'étoit un vrai cha-

K ij

grin pour elle d'être élue prieure ; et elle ne se croyoit redevable de la première place qu'à sa naissance. *C'est bien Madame LOUISE qu'on a élue*, disoit-elle, *et non la sœur THÉRÈSE de Saint-Augustin, n'en déplaise aux consciences de nos chères sœurs, sur-tout la première fois, au bout de deux ans de profession.*

(17) L'Empereur, le Roi de Suède, le Prince Henri de Prusse, et tous les illustres voyageurs que la curiosité, dans ces derniers temps, a conduits en France, ne manquoient pas, après avoir fait leur cour au Roi et à la Famille royale, de venir à Saint-Denis rendre hommage à la vertu dans la personne de Madame LOUISE. Ils ne pouvoient revenir de leur surprise, à la vue de l'excès du dénuement où elle s'étoit réduite. *Quoi ! c'est donc ici l'habitation d'une Fille de France ?* Mais ce qui les émerveilloit le plus, c'étoit l'air de sérénité qui brilloit sur son front, le ton de gaieté qu'une vie toute consacrée à la pénitence n'altéroit pas. Aussi Sa Majesté Suédoise ne put s'empêcher de faire l'aveu que, dans tous ses voyages, rien ne l'avoit tant frappé que la vertu et la cellule de Madame LOUISE.

(19) Deux lettres de Madame LOUISE à M. l'abbé Rigaud, datées de 1782, époque de la

mort de Madame Sophie, nous donneront quelque idée de ses sentimens pour son auguste sœur.

« Je suis bien loin d'espérer pour *Sophie*, Cependant elle n'est pas à la mort. C'est un état pour moi difficile à soutenir. Mais puisque le bon Dieu le veut, il faut bien le vouloir. J'ai confiance en notre sainte Mère, mais très-peu aux médecins. Mes sœurs sont auprès d'elle comme des héroïnes. C'est *Adélaïde* qui lui a tout dit, et qui la maintient, et dans l'espérance en notre sainte Mère, et dans la soumission à la volonté de Dieu. Cela sera bien méritoire pour elle. Car enfin il nous en faut tous venir là. Oh ! le vilain moment, par son incertitude s'il sera bon ou mauvais !

« 24 février 1782. »

Dans la seconde, qui est postérieure à la mort de Madame Sophie, après avoir remercié M. l'abbé Rigaud de la lettre circulaire que ce visiteur général avoit faite pour procurer à l'illustre défunte les suffrages de l'Ordre ; « Je me trouve, « ajoute Madame Louise, doublement heureuse « dans mon saint état, puisqu'il procure tant « de prières à ma famille. Il m'eût été difficile « de vous donner quelques détails sur *Sophie*. « Sa grande étude a été la simplicité, et de

K ij

« cacher ce qu'elle valoit. Elle eût voulu se le
« cacher à elle-même, et souvent elle n'y réus-
« sissoit que trop, quoique la vertu d'humilité
« soit toujours bonne. Tout ce que je puis vous
« dire, mon père, c'est que je voudrois bien
« n'avoir pas plus de péchés à me reprocher.
« Je n'ai jamais vu d'ame plus pure. »

(20) La mère *Julie-de-Jésus*, dite dans le
siècle *Macmaon*, étoit née d'une famille noble
irlandoise. Le Carmel a produit peu de sujets
aussi distingués dans tous les genres de mérite,
et qui aient su réunir à un si haut degré les qualités aimables et les vertus religieuses. C'est cette
réunion si rare qui engagea les Supérieurs à
confier à ses soins Madame LOUISE, lorsqu'elle
entra au Carmel. L'on sait avec quel succès
elle remplit une fonction aussi délicate. L'auguste Postulante trouva dans la mère *Julie* le
guide, l'ange qu'il lui falloit; de sorte que dans
un monde totalement opposé à celui qu'elle
avoit quitté, elle ne se crut presque pas dépay-
sée. Cependant on ne lui cacha rien de tout ce
qu'avoit d'austère l'état qu'elle embrassoit. *Vous*
vous attendez bien, lui dit un jour la sage di-
rectrice, *qu'on aura ici pour vous tous les*
ménagemens possibles. Vous pouvez les ac-
cepter, et vous édifierez encore beaucoup.

*Mais si vous m'en croyez, vous les refu-
serez, et vous ne serez point Carmélite à
demi.* Peu de jours après, Madame LOUISE
l'interrogeoït sur ce qu'il y avoit de plus pénible dans la vie des Carmélites. *Ecoutez-moi:
voulez-vous fermement être Carmélite tout-
à-fait, comme je vous l'ai conseillé, ou bien
voulez-vous l'être seulement à demi et en
fille de Roi?* — *Fermement, tout-à-fait.* —
*Eh! bien, je vais t'us dire tout, et elle ne
lui dissimula rien* (Voyez la lettre circulaire).
La mère Julie mourut le 27 septembre 1785,
dans la cinquante-troisième année de son âge,
et la sixième de son Priorat. Pour bien connoître
cette Prieure si respectable, et par son mérite
personnel, et par l'éclat qu'ont réfléchi sur elle
les vertus d'une amie aussi illustre que Madame
LOUISE, il faut lire ce qu'en a dit cette Princesse, dans des lettres qui sont un chef-d'œuvre
de sentimens, exprimés avec un naturel et un
ton de vérité inimitables. Elles prouvent bien
que l'esprit n'écrit jamais mieux, que lorsque le
cœur est de moitié.

« Ah! ma chère Mère, vous parler de ma
douleur, cela est inutile, elle est inexprimable.
Je la vois dans le ciel, mais je ne la vois plus
sur la terre; il n'y a pas une de mes pensées

qui ne me la rappelle, et pas un instant où elle
ne me manque. Il y a plus d'un an que je pré-
voyois ce moment ; et dans tous les instans où
j'étois seule, mes larmes couloient malgré moi.
Trois ans de souffrances, sans une seule impatience ! deux mois et demi de douleurs affreuses,
et ne jamais dire que *Mon Dieu ! mon tout !*
mon partage à jamais ! Une Mère sous la conduite de laquelle j'étois depuis quinze ans ! une
société presque habituelle ! une confiance entière ! Comment se consoler, *si Dieu n'étoit*
au-dessus de tout ? Mais j'espère que cette croix
amènera mon salut, je n'en veux rien perdre.
Priez pour moi, etc. »

Aussi n'en perdit-elle rien. Il paroît en effet
que cette séparation si coûteuse, ce veuvage
du cœur si difficile à soutenir pour une ame
aussi tendre que la sienne, fut le triomphe de
sa résignation, et l'époque d'une vie plus parfaite encore. Dans les amitiés les plus épurées,
il est difficile qu'il ne s'y mêle quelque alliage
de sentimens un peu trop humains ; et il est des
ames dont le Dieu jaloux demande un détachement plus généreux, et qu'il veut rendre toutes
célestes. Quoi qu'il en soit, voici quelle fut la
situation de son cœur après la mort de la mère
Julie. C'est elle-même qui va nous en instruire.

« J'aime toutes mes sœurs également. . . .
D'amies particulières, je n'en prendrai point ;
celle-là m'avoit été donnée par l'obéissance ; le
bon Dieu me l'a ôtée, il veut tout mon cœur
sans partage ; d'ailleurs ces sortes d'amitiés sont
la perte des couvens ; elles le seroient bien plus
ici, vu ce que j'ai été...... Ma plus douce
consolation est de pleurer aux pieds de notre Seigneur ; mais je tâche de ne point sortir des bornes de la soumission ; c'est tout ce que je peux
faire ; j'espère que les exemples de *Julie* m'ai-
deront. Avant de mourir, elle m'a dit avec une
fermeté que de ma vie je n'oublierai, *qu'elle
avoit été une demi-heure à faire le sacrifice
de moi, mais qu'il étoit fait.* Le mien, d'elle,
sera l'ouvrage de toute ma vie. »

(21) Le zèle de Madame Louise pour le
salut des ames, l'engagea à profiter d'une circonstance aussi favorable que le Jubilé de 1776,
pour procurer aux habitans de Saint-Denis une
grande mission. Pour l'ordinaire les villes situées
près de Paris ne se ressentent que trop du voisinage de la Capitale, qui y va porter son opulence, ses vices, et quelquefois sa philosophie
irréligieuse. Cette Princesse n'eut pas à se repentir d'avoir procuré à ses nouveaux conci-
toyens un moyen de salut, toujours couronné

de grands succès, lorsqu'il est administré par des hommes puissans en œuvres et en paroles. Elle accueilloit, protégeoit les orateurs qui prêchent la religion en apôtres. Le mot de bien-faisance, dont nos chaires chrétiennes reten-tissent si souvent, quoique très-doux, écorchoit ses oreilles. *Oh ! le beau Mandement * ! écri-voit-elle, comme il drape la bienfaisance ! J'en suis ravie. Car je déteste dans la bouche des chrétiens ces expressions, que la philo-sophie ne fait tant ronfler que pour bannir la charité.* L'on voit par-là qu'elle n'étoit rien moins que dévote à ces Saintes de nouvelle créa-tion, canonisées par les apôtres des vertus hu-maines; et que Sainte Bienfaisance, Sainte Hu-manité, Sainte Amitié, Sainte Philanthropie, encore moins Sainte Agriculture, n'auroient pas trouvé place dans le calendrier à son usage. Les défenseurs de la religion, et les écrivains ascé-tiques étoient sûrs de trouver des encouragemens dans la Mère THÉRÈSE DE SAINT-AUGUSTIN. Quoique les complimens et les épîtres dédica-toires fussent des épreuves pour sa patience, comme on lui faisoit entendre que son nom se-

* Il s'agit dans cette lettre d'un des plus beaux Mandemens de M. l'archevêque de Paris, donné en 1783, à l'occasion du carême.

roit un passe-port favorable pour certains ouvrages pieux, elle daignoit accepter des dédi-
caces, plus propres à flatter les auteurs qui les
présentoient, que l'héroïne qui en étoit l'objet.
En un mot, le zèle de Madame Louise, vrai,
ardent, étendu, et qui servit la religion en tant
de manières, auroit fait les plus grandes choses
dans des siècles où l'on en auroit moins redouté
les effets, et où le zèle et le fanatisme n'étoient
pas encore devenus deux termes synonymes.

Parmi les Prélats pour qui cette Princesse
avoit une vénération particulière, nous nous
contenterons de nommer M. Louis-François
d'Orléans de la Motte, évêque d'Amiens, mort
en odeur de sainteté en 1774, dans la quatre-
vingt-onzième année de son âge. Il avoit été
pendant douze ans Supérieur des Carmélites de
Saint-Denis, maison qui lui devint plus chère
que jamais, depuis qu'elle eut le bonheur de
posséder Madame Louise. Voici ce que le saint
Prélat en écrivoit.

« J'ai fait le voyage de Saint-Denis, et j'ai
admiré la conduite de Madame Louise, à présent sœur Thérèse de Saint-Augustin. On la
voit toujours la première à tous les exercices;
et ce qu'il y a de plus frappant, c'est son obéissance, son amour pour la pauvreté. Elle est

contente de tout. La voir, est un sermon tou-
chant. Il n'y a dans sa chambre, qui est comme
les autres, que sa chaise de paille et le fauteuil
du Roi. Quelquefois il s'assied sur son lit, qui
est une paillasse piquée, et le trouve dur : mais
tout se tourne en plaisanterie. Ce qu'il y a de
plus admirable en elle, c'est cette humilité qui
la rend égale à toutes. Elle demande la moindre
permission avec la simplicité d'un enfant. On
ne peut exprimer la joie, la gaieté, la simplicité et le courage de cette sainte Princesse, ai-
mant son état, et se regardant comme plus heureuse d'y être, que de porter une couronne. C'est
un miracle de la voir, dans les pratiques les plus
austères, jouir de la force que n'ont pas celles
qui, dans le monde, s'épargnent davantage ; de
la voir mener la vie des Carmélites sans adou-
cissement, avec une gaieté admirable, et se
portant à merveille.   Je suis revenu de Saint-
Denis mécontent de moi-même, avec la résolution de servir Dieu moins lâchement que par
le passé. Je le dis, parce qu'en effet on ne peut
voir cet exemple sans être animé à un service
qui fait le bonheur de quelqu'un qui a tant sacrifié pour lui. »

L'on sait que le feu Roi, en parlant de M.
de la Motte, l'appeloit toujours le saint évêque
d'Amiens. La sainteté éminente des Pontifes de

cette ville, semble être depuis long-temps une
des propriétés, des prérogatives de ce siége, un
héritage de gloire qu'ils se transmettent les uns
aux autres.

(22) Il seroit trop long de rapporter ici tout
ce que le zèle de Madame LOUISE pour les intérêts du Carmel, lui fit entreprendre pour encourager et consoler les religieuses de son Ordre,
que de fâcheuses circonstances obligèrent de sortir de leurs maisons. Nous laissons à l'historien
de cette grande Princesse, le soin de faire une
relation si intéressante. Qu'il me suffise de dire
qu'environ quatre-vingt-trois de ces Carmélites
émigrantes furent reçues en France par le crédit de la Mère Thérèse de Saint-Augustin, et
que, distribuées dans les différens monastères du
Carmel, celui de Saint-Denis en eut quinze
pour sa part. Son zèle pour le succès de cette
bonne œuvre, et son attachement pour l'état
religieux, éclatent bien dans une de ses lettres
à la mère Juppin, alors supérieure des Visitan-
dines de Paris, rue Saint-Jacques.

« Nous attendons avant la Pentecôte nos pauvres sœurs de Flandres. Cela dérangera un peu
nos dix jours de retraite; mais je crois que le
bon Dieu nous saura gré de rompre le silence

pour sauver ces pauvres ames. Nous aurions désiré les recevoir toutes ; mais il faut nous contenter d'un grand nombre. Ce sont de vraies
martyres. Elles ont à combattre non-seulement
la chair et le sang , mais les directeurs , les ca-
suistes , et tous ceux qui devroient le plus les
soutenir. Je trouve bienheureuses celles qui per-
sévèrent. Car nous ne nous sommes consacrées
à Dieu qu'une fois , et elles auront le bonheur
de s'y consacrer deux fois. Je regrette toujours
de n'avoir qu'un moi-même à donner au Seigneur. Il me semble que si j'en avois deux , le
second seroit encore mieux donné , parce qu'il
le seroit avec plus de connoissance de cause.
Pardonnez-moi , Madame, cette pieuse extra-
vagance ; mais vous connoissez par vous-même
le bonheur de la vie religieuse. Ainsi vous ne
serez pas surprise des transports qu'il cause , sur-
tout dans certains momens qui en font sentir
tout le prix.

« Sœur THÉRÈSE DE SAINT-AUGUSTIN. »

(23) Entre autres bienfaits dont le Carmel de
Saint-Denis est redevable à Madame LOUISE,
un des plus signalés est la réédification de l'é-
glise qui menaçoit ruine. Louis XV s'étoit en-
gagé à la faire réparer , et mourut avant que
ses pieuses intentions pussent être remplies.

Louis XVI adopta les vues de son prédécesseur,
et renchérit sur sa magnificence. Ce nouveau
temple, qui offre un morceau superbe d'archi-
tecture, commencé l'an 1780, n'a été achevé
qu'en 1785. M. l'Archevêque de Paris le bénit
le 15 octobre de cette année là ; et un an après
le même Prélat en fit la dédicace solennelle.

Les ornemens, les vases destinés au service
de l'autel, sont très-précieux, et rappelleront
long-temps par leur richesse, l'auguste bienfaitrice à laquelle ils sont dus. Tout le luxe des
Carmélites se trouve dans leur église et leur sa-
cristie. L'or, l'argent, les pierreries, tous les
chef-d'œuvres des arts y sont prodigués et brillent
de toutes parts ; mais dans leur cellule, et par-
tout ailleurs, la pauvreté la plus austère habite
comme dans son domaine. Le monastère de
Saint-Denis, ci-devant un des plus indigens de
l'Ordre, est devenu un des plus spacieux et des
plus commodes, par les bâtimens réparés et sur-
ajoutés. Comme toutes les réparations entamées
par Madame LOUISE n'étoient pas faites à l'é-
poque de sa mort, et que les besoins, soit de
cette maison, soit de plusieurs autres du Carmel, sur lesquelles cette Princesse répandoit ses
dons, avoient occasionné quelques dettes, le
Roi a daigné assurer aux Carmelites, pour quatre
ans encore, la pension de vingt-quatre mille

livres que son auguste tante touchoit, mais dont elle ne distrayoit absolument rien pour son usage personnel.

(24) En 1772, plusieurs Carmes déchaussés souhaitant avec ardeur de vivre suivant les règles primitives de leur institut, et voyant que ce désir éprouveroit des difficultés dans l'accomplissement, s'ils étoient obligés de demeurer avec d'autres du même Ordre, qui n'auroient pas la même façon de penser, engagèrent Madame LOUISE à prier Louis XV de seconder des vues si utiles au bien de la religion; et pour cet effet d'assigner et d'établir le couvent de *Charenton*, du même ordre, diocèse de Paris, pour y réunir tous les religieux qui voudroient suivre à perpétuité la règle de leur institut primitif. Le Roi écouta favorablement la demande de sa pieuse fille, et en conséquence Sa Majesté obtint un bref du Pape qui les autorise à se réunir dans le monastère de *Charenton*, pour y suivre leur premier institut. Ce bref fut revêtu de lettres-patentes le 4 mai 1772, et elles furent le lendemain enregistrées au Parlement. Il est à souhaiter que cet établissement, qui jusqu'ici a eu le sort de toutes les nouvelles réformes, je veux dire de produire de grandes vertus, se soutienne long-temps avec le même éclat de ferveur,

veur, et continue à édifier l'église par une foi
non suspecte, par un zèle éclairé, et par la
régularité la plus exacte. Le Père Hilaire, mort
en 1787, avec une réputation bien méritée de
savoir et de sainteté, a été comme le fondateur
de cette pieuse colonie, dont l'état religieux,
dans sa décadence générale, peut tirer de grands
fruits.

(25) Quoique Madame LOUISE eût depuis
un certain temps des pressentimens de sa
mort, personne, et elle-même, ne se doutoit
que sa fin fût si prochaine. Dès que Madame
Victoire fut informée du danger, elle envoya
son médecin, M. Malouet, lequel, après une
consultation avec le médecin ordinaire de la
maison, M. O Reilli, trouva la malade dans un
état à tout faire craindre, et décida qu'il étoit
temps de l'administrer. *Une Carmélite doit toujours* (c'étoit une des maximes favorites de Madame LOUISE), *être prête à se confesser, à
communier et à mourir;* et cette sainte mourante y étoit plus disposée que n'auroit pu l'être
toute autre. Après avoir reçu les derniers sacre-
mens, et donné toutes les marques d'édification
qu'on avoit droit d'attendre d'une héroïne chrétienne, toute occupée du bonheur prochain qui
l'attendoit : *Dépêchons-nous*, s'écria-t-elle,

L

d'aller en Paradis. Ce fut là sa dernière parole. Peu après elle expira dans la paix et la joie
du Seigneur.

Les ordres de la Cour pour l'enterrement de
la Princesse n'arrivèrent que le quatrième jour
après sa mort, et furent notifiés à M. l'abbé
Bertin, conseiller d'Etat, et Supérieur des Carmélites de Saint-Denis. Ils annonçoient que le
Roi, pour se conformer aux désirs de sa pieuse
tante, consentoit qu'elle fût inhumée comme
les autres religieuses. M. l'Archevêque de Paris
chanta la Grand'Messe, ayant pour diacre M.
l'abbé de Rigaud, et pour sous-diacre M. l'abbé
de Floirac, tous deux Visiteurs Généraux des
Carmélites ; et ce Prélat fit la cérémonie des
obsèques, auxquelles assistèrent MM. l'ancien
évêque de Senez et l'évêque de Babylone, les
PP. Benédictins de l'Abbaye Royale de Saint-
Denis, et un grand nombre d'Ecclésiastiques et
de Religieux. Parmi les personnes distinguées
qui honorèrent de leur présence ces funérailles,
on remarqua Madame la Princesse de Ghistelle,
Dame de Madame Victoire. Madame Louise
estimoit beaucoup ses vertus, et sur-tout sa prudence. Il convenoit que celle qui avoit été choisie
pour conduire cette grande victime, lorsqu'elle
alla s'ensevelir au Carmel, lui rendît les derniers
devoirs, et l'accompagnât une seconde fois au

tombeau. Le corps de l'auguste défunte fut déposé dans le lieu qui lui avoit été destiné, c'est-à-dire, au milieu du Chapitre. Sur une tombe de marbre blanc on lira cette épitaphe :

ICI REPOSE LE CORPS DE LA TRÈS-RÉVÉRENDE MÈRE

THÉRÈSE DE SAINT-AUGUSTIN,

LOUISE-MARIE DE FRANCE,

FILLE

DU ROI TRÈS-CHRÉTIEN LOUIS XV,

ET

PRIEURE DE CE MONASTÈRE

> Son sacrifice honora sa religion.
> Son courage prouva sa foi.
> Sa naissance releva son humilité.
> Son zèle maintint la règle.
> Sa ferveur en inspira l'amour.
> Son exemple en adoucit l'observance.

Elle décéda le XXIII décembre M. DCC. LXXXVII,
> Dans la LIe année de son âge,
> Dans la XVIIIe année de son entrée en religion,
> Dans la IIIe de son second Priorat.

(*Voyez la lettre circulaire.*)

(26) A chaque pas qu'on fait au Carmel de
Saint-Denis, on y trouve quelque monument
de la piété de Madame Lᴏᴜɪsᴇ. C'est une
multitude de petits oratoires, tous propres à
inspirer là dévotion. *Voilà bien des autels,*
disoit-elle un jour à une religieuse. *Leur vue
doit nous rappeler l'obligation où nous sommes de nous immoler ·sans cesse à Jésus-
Christ. C'est la tâche de tous les jours, dè
tous les instans, jusqu'à la mort.* Parmi les
Saints qu'elle honora d'un culte spécial, il faut
mettre au premier rang l'illustre Louis de
Gonzague. Aussi fit-elle ériger une chapelle en
son honneur. Pour satisfaire davantage sa piété,
Madame Lᴏᴜɪsᴇ désira posséder le tableau devant lequel ce jeune Saint se consacra à Dieu
d'une manière irrévocable par le vœu de chas-
teté. Madame la Princesse de Piémont lui en
fit tirer une excellente copie, dont elle fit présent à sa pieuse tante.

(27) L'observation dès jeûnes, qui durènt huit
mois de l'an au Carmel , coûtoit infiniment à
Madame Lᴏᴜɪsᴇ. *Ces jours-là , m'écrivoit une
Carmélite, je lui trouvois un visage pâle et
tout défait ; et lorsque je prenois la liberté
de lui en demander la raison : Mon cher
cœur, me disoit-elle, j'attends mon dîné avec*

impatience ; la faim me tourmente à l'excès.
Cependant que trouvoit-elle pour la contenter ?
Du poisson jamais bien frais, souvent à demi
pourri, quelquefois si mauvais qu'il inspiroit
à ses compagnes une répugnance invincible.
Madame LOUISE plus d'une fois s'est trouvée
la seule à oser y toucher ; et pour se mortifier
autant que pour donner l'exemple, la fille du Roi
savouroit délicieusement ces mets détestables.
La faim , disoit-elle alors (elle auroit pu ajouter, l'esprit de mortification), *est un excellent
cuisinier.* Une sœur converse, naturellement
gaie et plaisante, émerveillée de ce que cette
Princesse mangeoit indifféremment tout ce qu'on
lui servoit, disoit avec sa franchise ordinaire :
« Voyez donc, mes chères amies, cet estomac
« royal ! comme il paroît se régaler avec nos
« choux, nos carottes, etc. ! L'on diroit, en con-
« science, qu'elle a passé sa vie au village, à ne
« se nourrir comme nous que de pain noir.
« Aussi il faut avouer que cette chrétienne est
« un original sans copie, et qu'on ne trouvera
« jamais sa pareille. »

« J'ai cru mourir de chaud ces jours-ci,
écrivoit Madame LOUISE. Ma ressource étoit de
penser que mes sueurs éteindroient l'enfer, et
rafraîchiroient le purgatoire que je méritois à

chaque moment, par ma lâcheté à supporter
cette incommodité.

« 5 septembre 1781. »

Dans une autre occasion, la rigueur du froid
fit sur elle une impression si douloureuse, qu'elle
ne put s'empêcher de pleurer. C'est l'aveu qu'elle
faisoit à un supérieur, en s'humiliant de sa foiblesse : *Mais*, ajoutoit-elle, *il faut bien avoir
à offrir quelque chose au Seigneur.*

(28) Madame L o u i s e, à ce qu'assuroient
tous ceux qui l'avoient suivie de près, n'avoit
qu'une passion, celle de faire du bien. Mais,
depuis qu'elle fut entrée dans le cloître, par
raison autant que par impuissance, elle sut
mettre des bornes au désir de rendre des services et d'obliger. Sa protection, dont on a tant
exagéré l'usage, ne s'étendoit guère que sur
les différentes Maisons des Carmélites, dont elle
prenoit vivement à cœur les intérêts. Leurs affaires, leurs procès, leurs besoins, et quelquefois
même des rapports de conscience, fournissoient
une ample matière à sa sollicitude. Point d'année
où elle n'écrivît trois à quatre cents lettres. Elle
a quelquefois employé son crédit pour les personnes que leurs fonctions attachoient à son
Ordre, pour MM. les Visiteurs Généraux, et

pour les parens de quelques-unes des religieuses avec qui elle vivoit ; et je ne vois pas pourquoi, dans ce siècle de bienfaisance, on feroit un crime, à cette charitable Princesse, de ce qui est canonisé dans les autres comme la première des vertus. Mais elle étoit sourde à presque toutes les autres sollicitations. Ses sentimens sont consignés dans plusieurs de ses lettres.

« Mon parti est pris depuis long-temps, etc.
« En renonçant à tout, j'ai renoncé même à
« faire du bien aux autres ; c'est-là la plus grande
« pauvreté que puisse pratiquer la fille du Roi,
« que de ne pouvoir plus faire du bien à per-
« sonne. — Si j'ai joui autrefois du bonheur
« de faire des heureux, en me sacrifiant à Dieu,
« je lui ai tout sacrifié, jusqu'à cette douceur.
« Si je me mêlois de tout cela, écrivoit-elle
« en une autre occasion, je n'en finirois pas ;
« cela me donneroit au-dehors une communi-
« cation qui ne seroit pas édifiante. J'en ai déja
« assez de toutes les affaires de l'Ordre, et je
« veux invariablement m'y borner. — Tout ce
« que vous dit M. l'abbé *** est très-vrai, ma
« chère mère ; mais je vous prie de faire ma
« réponse ordinaire, que je ne m'en mêlerai
« point, parce que je ne me mêle jamais de
« bénéfices, etc. Je vous prie, lorsqu'il vous

« viendra de ces demandes-là, de vous le tenir
« pour répondu. » Voyez les lettres que M.
François a citées dans les notes qui suivent son
Oraison funèbre de Madame LOUISE.

Que n'aurois-je pas encore à raconter de
Madame LOUISE, si je rappelois ici tout ce
qu'elle a dit, écrit ou fait d'intéressant ? Je
regrette de n'avoir pas employé une foule de
Mémoires qui m'ont été adressés du Carmel de
Saint-Denis, par ses filles reconnoissantes. Témoins oculaires des merveilles de sa vie, fidèles
échos de la vérité, leurs dépositions ne sauroient
être suspectes. Chacune à l'envi me présentoit
son petit grain d'encens, son tribut d'éloges pour
cette Mère incomparable, offrande précieuse
du goût, de l'esprit et du sentiment. Toutes dé-
siroient que les traits qui les avoient singulière-
ment frappées, entrassent dans le tableau des
vertus qu'il me falloit offrir à l'édification publique. Mais, outre que plusieurs volumes auroient à peine suffi à cet in-folio de louanges,
les notes dont nous accompagnons nos discours,
isolant les faits, les détachant nécessairement
les uns des autres, ne les présentent pas dans
un assez beau jour. C'est à l'historien à les faire
valoir, en les mettant chacun à sa place, en les
liant avec art. Nos matériaux informes, mis en

œuvre par une main habile * , se transformeront
en un édifice régulier et imposant ; en un mot,
la grande ame de Madame LOUISE sera peinte
telle qu'elle est : et peut-être qu'un siècle épi-
curien et philosophe ne, pourra s'empêcher d'admirer une religion qui a produit de si étonnantes vertus.

N. B. En observant que Madame LOUISE
avoit l'usage de la communion journalière, nous
aurions pu ajouter que cette grace lui fut. ac-
cordée dès son *Postulat.* Elle étoit si affamée
de ce pain des Anges, que rarement elle s'en
privoit. *Je me dédommage,* disoit-elle à ce sujet,
*des jeûnes rigoureux auxquels j'ai été assu-
jettie dans le monde.* Elle n'avoit dans la se-
maine qu'un seul jour d'abstinence en ce genre, et
c'étoit ordinairement celui où elle purifioit son
ame par la confession. Clément XIV lui adressa
un Bref, par lequel il lui accordoit une indul-
gence plénière, toutes les fois qu'elle commu-
nieroit.

---

* M. l'Abbé Proyart, très-avantageusement connu par l'his-
toire de Monseigneur le Dauphin, père de Louis XVI ; du
Duc de Bourgogne, père du feu roi ; de M. de la Motte,
Evêque d'Amiens, etc., est chargé d'écrire la vie de Madame
LOUISE.

F I N   D E S   N O T E S.

APPROBATION.

J'AI lu par ordre de Monseigneur le Garde-des Sceaux, un Manuscrit intitulé : *Oraison funèbre de* MADAME LOUISE DE FRANCE, *Religieuse Carmélite*, *et Prieure du Monastère de Saint-Denis*, par M. l'Abbé DU SERRE-FIGON, Prédicateur du Roi. Les lecteurs judicieux et sensés applaudiront sans doute au succès de l'éloquent orateur qui, parmi les sublimes vertus de cette auguste Fille de France, a su présenter d'une manière si intéressante celles qui l'ont rendue infiniment précieuse à la religion et chère à l'humanité. Les habitantes du cloître trouveront, dans ce fidèle exposé de sa vie ascétique, un fort encouragement à la perfection qu'elles se sont proposée comme elle dans la solitude religieuse, et les filles du Carmel y reconnoîtront par-tout l'imitation la plus complète des vertus de leur Sainte Réformatrice ; tandis que les vrais chrétiens y verront avec attendrissement le prodige de sa fidélité à la grace de sa sainte vocation ; et dans cette fidélité si rare de nos jours, le titre précieux qui lui a mérité la gloire dont elle jouit maintenant dans le Ciel, et assuré les hommages que tout vertueux François ne cessera de rendre à sa mémoire sur la terre. Donné à Paris ce 29 juillet 1788.

LOURDET, Professeur Royal.

FAUTE A CORRIGER.

Page 47, ligne 15, couroucées, *lisez*, couroucés.
Page 67, ligne 4, tirer gloire, *lisez*, tirer sa gloire.

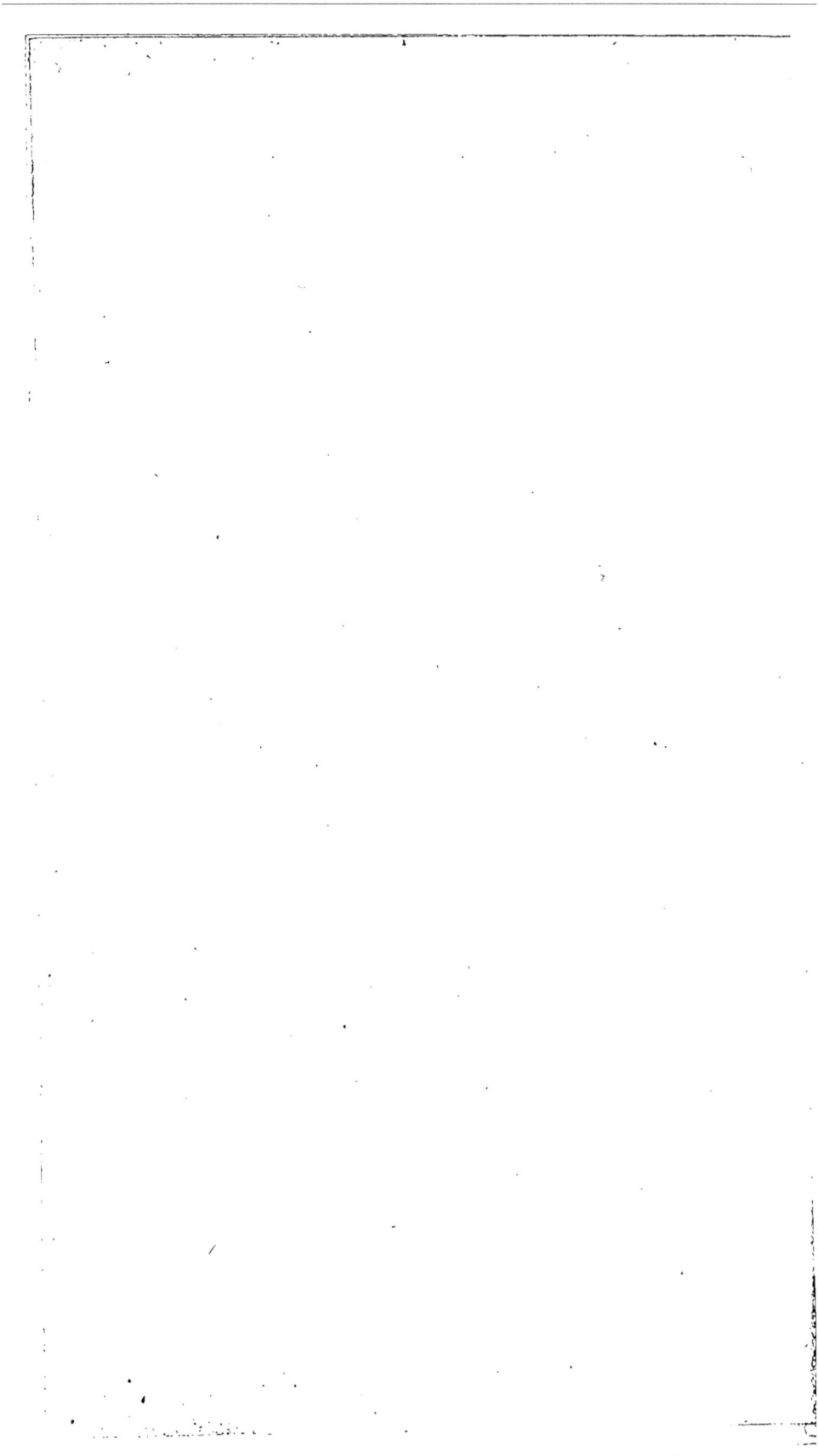

www.ingramcontent.com/pod-product-compliance
Lightning Source LLC
Chambersburg PA
CBHW072102080426

42733CB00010B/2188